有多痛，就有多值得

痛苦的價值及其如何為我們帶來快樂

保羅・布倫——著
陳岳辰——譯

PAUL BLOOM

THE SWEET SPOT

The Pleasures of Suffering and The Search for Meaning

人是最勇敢也最容易痛苦的動物，同時卻又不**排斥**受苦；反之，他**接受**，甚至追求，只要能找到痛苦的**意義**與受苦的**理由**。

——尼采，《道德系譜學》

推薦序

痛，並快樂著

范立達

二十多年前，歌手齊秦唱過一首歌《痛並快樂著》；二十多年後，歌手鄧紫棋在另一首歌的歌詞中，再次唱出「痛並快樂著」。

「痛，並快樂著」，其實就是把「痛快」兩字拆成「痛」和「快」，再予演繹，讓一個已經用到太過氾濫，幾乎隨處可見卻又毫不上心的詞彙，從此有了新的生命，也讓說者與聽者都有了新的感受。

表面看來，「痛苦」與「快樂」是反義詞。詞性互斥的兩個字詞，應該不能組合在一起。但我們不是常說喜極而泣嗎？不也見過怒極反笑嗎？情緒飽滿到最高點時，釋放出來的表情和反應，為什麼和心中的感受剛好成為極端呢？就如同作者在本書所提的：「如果不聽聲音，性高潮的表情有時看來相當猙獰。」由此看來，在光譜兩端的極端情感，似乎不見得不能調和在一起。

這種矛盾，不純然僅出現在感官的刺激與反應，在人生歷程上又何嘗不然？最常見的例子就是：一群男人聚在一起，總愛談起當年當兵的苦日子；一群女人湊在一塊兒，常常回憶懷孕生產時的苦痛。但不論男人或女人，懷想過去時總是憶苦思甜，嘴角上掛著的都是微笑。

因為那種備極辛勞後所獲得的滿足與成就感，與聖經所言：「揮淚播種者，必歡呼收割！」有何不同？終究，付出之後所獲得的回報，才是最珍貴、最甜美的果實。所以，作者告訴我們：「某些與努力、辛勞有關的痛苦，是達成更高目標的必經之路，也是活出充實人生的前提。」

由此可見，雖然人人在祝禱時都祈願「平安」、「幸福」、「快樂」，但一帆風順的人生或風平浪靜的日子其實沒有想像中那麼美好。一如作者在書中引述的例子：一個在死後生活得萬事皆順遂的人，最後忍不住哀求上帝：「請讓我到『另一邊』去吧！」而上帝告訴他：「你現在就是在『另一邊』啊！」

的確，人類的心智會對改變產生反應，但對習以為常的事物並不敏銳。生活中如果事事皆能稱心如意，這樣的人生豈不毫無驚喜、沒有挑戰，又有何值得珍惜之處？那樣平淡無奇的人生，不在天堂，而是地獄。

當然，不是要鼓勵大家自尋煩惱或自找苦吃，但是自願的痛苦確實能產生和增進快樂，而且是有意義的活動和有意義的生活不可或缺之一環。勝利的果實之所以豐美，正是因為在擷取之前，曾經滴下眉毛上的汗水，而非不勞而獲。

所以，明白了人生就是酸甜苦辣各種滋味調和在一起，在面對困難、挑戰、失敗、挫折與痛苦之時，或許就不會再那麼怨天尤人。我們會明白作者說的：「嘗試理解痛苦，就等於嘗試理解人類的真實面貌。」「我們的心很複雜，動機和欲望各有不同，能夠經由想像不到的方式加以滿足。」「特定類型的負面體驗在自願的前提下，其實能夠成為愉悅的泉源。」「我們可以在豐饒的世界裡過得悲慘，也可以在艱困的處境中心生喜悅。」

想要在自己的人生刻畫出不同的風景，就不能期待事事如意。終究，靜海造就不出熟練的海員。面對人生，要有風浪、要有起伏、要有悲歡離合、要有刻骨銘心，等到年長時，驀然回首，才會充滿感激，才不會覺得白走了這一遭。

所以，享受人生吧！痛，並快樂著的人生。

本文作者為資深媒體人

推薦序

選擇痛苦的意義

蘇絢慧

人生裡雖然我們都想望追求快樂和成功，也很想凡事趨吉避凶，然而實際上，人生不會只有快樂和成功，痛苦和失敗也占據很大的比例。

日常中一些報導不斷呈現：「現代人快樂指數很低！」「憂鬱症人口大量激增。」「抗抑鬱藥物大量被使用。」還有：「不幸和絕望正在世界各地發生。」似乎現在是多麼黑暗的時代，一切都瀕臨深淵。

你是否也感受到這世界隨時都處在崩潰和沮喪的邊緣？就如各種報導中引述的，現代人活得並不開心，十分悲觀。大量的痛苦正籠罩著世界，我們對未來似乎不具什麼希望感和期待。

既然痛苦已經布滿生活了，為什麼有些人甚至會主動選擇痛苦，讓自己的生活變得痛苦不堪呢？難道一切都只是自討苦吃、無意義的行為嗎？人類只是太習慣自取滅亡？

即便不要論及那麼大的集體層面，就個人的小層面來說，人不是也一直有種傾向「吃苦當吃補」的現象嗎？這不都表示人長久以來和「痛苦」息息相關，痛苦經驗在我們的生命歷史中從不缺席。

那麼，就個人而言，你對「痛苦」的知覺是什麼呢？你如何體驗自己和「痛苦」之間的關係呢？你是有意識的選擇痛苦？還是無意識的被痛苦覆蓋？

人確實如尼采說的，是最勇敢也最容易痛苦的動物。在人類行為中，痛苦往往和精神層面的昇華與自我實現有關。疫情期間，有多少醫護人員承受著日夜的辛勞，身心負荷著強大壓力，冒著生命危險、與家人分離，也要在臨床第一線擔任救治的任務。還有那些救難隊員和消防隊員冒著怎樣的生命危險，在災難現場衝鋒陷陣，還要承受救難後的各種身心壓力和替代性創傷。而運動選手們或是極限挑戰運動家背負各種身心的壓力和反覆的訓練，竭盡所能開發自己的潛質，過程中同樣要忍受各種運動傷害或心理煎熬。這些都是痛苦的過程，對他們而言，也都是主動選擇的決定。

人，真的怕痛苦嗎？還是人其實害怕的是「無意義的活著」（或無聊的活著）？

沒有超越痛苦的快樂，對人而言，或許都不是真實的快樂。天天在無意義的無意識中迷失自我、缺乏對自己人生的熱情和動力，在庸庸碌碌中追求著美食、購物的小確幸，雖然也是興奮開心，但那種快樂總是稍縱即逝，甚至很快就會撲上來一種更深的落寞感和空虛感，內心無法充實地肯定自我的生命深具價值。

對有成長性的人來說，經歷學習和操練的痛苦，也是對自我成長的渴望，因此主動地選擇超越自我，探索展現生命韌性的潛能。

本書堪稱「人類痛苦」的百科全書，由許多方面探討「痛苦」之於人類的意義。人類懼怕痛苦、迴避痛苦，卻也時常製造痛苦或是追尋痛苦。總括來說，作者探討人性的矛盾和多樣性，立基點在於任何人性的感受和行為，都是無法輕易簡化和判斷的。我認為本書給了我們很好的視線及角度，讓我們能全面性瞭解「痛苦」究竟為何物。

對我而言，痛苦和快樂如同禍福相倚，因為有快樂存在，人們才能對比何為痛苦；因為痛苦的存在，快樂也才有了意義。

本文作者為諮商心理師，璞成心遇空間心理諮商所所長

推薦序

管理自己的痛苦，獲得愉悅的價值

少女凱倫

本書對於痛苦及快樂皆有諸多探討，並且細究人們在不同情境下的行為及情緒，以及痛苦可能帶來的正面影響，像是對生命的反思、找尋生命中的新機會，或者釐清與他人之間的關係。

若你正在經歷痛苦，或者處在一段感覺自虐的期間，這本書將引導你理性地看待現在所有的過程，反思自己所處的狀態，從而逐漸走出原先感受到的痛楚。

正巧撰寫推薦序的這段日子，是我人生短暫的低潮期。去年開始我選擇專注創業，本以為自己斜槓經驗很久，創業應該不算陌生，沒想到離開穩定發薪的工作後，才深刻體悟到創業是一段非常痛苦的歷程。

這段期間，我發現創業是一個不停決策、選擇的過程，並且得有責任感，帶領團隊往更好的方向去。然而，我是那種對自己的事情沒有太多想法，有任何方向都可以去嘗試，即使做錯了也覺得有機會可以挽回的人，但是這樣的想法跟心態僅限於「個人工作」。創業之後，有許多合作夥伴，決定一件事情可就不能這麼隨便和隨興，得先有全盤的規畫才開始執行，這對以往老是見招拆招的我是相當痛苦的一段歷程，因為我也不知道哪個決定才是對的、好的、適合的，但所有人都在等著我的答案。

除此之外，本以為創業能隨心所欲，豈料創業後，許多人看待自己的眼光不同、期待更高，同樣都在做以前做的事情，因為換了一個身分，便需要承受不同的壓力，偶爾展現負面情緒，也會被人指指點點地說：「妳現在已經是創業家了，不應該玻璃心。」這些言語事實上都壓得人喘不過氣。

然而，就像本書提到「痛苦是認證價值的形式」，管理痛苦也是成熟人士必須學習的一門功課，而且正因為努力熬過痛苦、面對自己過往不熟悉的事情，達成了目標，即使結果有時不如預期，但過程的努力、成長都值得肯定。

每當度過一次痛苦，下次遇到同樣的痛，也不一定會再覺得有感，這不也是突破自己的證明嗎？

「有多痛苦，就有多值得」，在某一件人事物上付出越多努力，我們就會越感珍惜，你是否也會回味對於某件事情執著、即使遇到再多挑戰都願意堅持下去的自己呢？

若你現在正處於一段痛苦期，請告訴自己，你正在經歷獲得愉悅的過程，而最終所獲得的價值感，正是由你自己親手帶來，誰也帶不走，熬過苦痛，就會獲得新生。

本文作者為跨界 CrossOver 創辦人

CONTENTS

第二章

第三章

第四章

第五章

CONTENTS

前言

美好人生

一帆風順時，人很容易忘記自己有多脆弱。然而生活處處是提醒，痛苦的可能性無所不在，好比說下背部突如其來一陣痛、小腿破皮、頭痛緩緩浮現，也可能是情緒遭受打擊，例如發現自己提及私密話題時居然按到「全部回覆」。上述例子還只是冰山一角，我們能體驗的苦難似乎無窮無盡，而且大半由不得自己。

簡化人性的理論聲稱我們總是豁盡全力避免痛苦、追求舒適愉悅，希望生活時時刻刻平順無恙。人類本能就對苦與痛避之唯恐不及。整理大師近藤麻理惠告訴大家：無法讓你「怦然心動」（spark joy）的東西其實都可以丟掉。結果她名利雙收，許多人開始認同把無法讓我們開心的東西都斷捨離是美好生活的指引。

然而這種理論並不完整。其實若分量調配得當，身體和精神上的苦痛、困難、失敗、挫折，才是人類真正的追求。

思考一下你自己最喜歡的負面經體驗類型。有人看電影看到眼淚掉不停，或驚聲尖叫，或喘不過氣。有人聽音樂沉浸於悲傷旋律。還有人會戳自己的傷口、嗜吃辛辣食物、做高溫沐浴，或者登山、跑馬拉松、去健身房和道場讓人朝自己揮拳。心理學家早就發現不愉快的夢比所謂美夢多得多，（原註1）就連理論上我們能控制內容重點的白日夢也常常自動轉往負面。（原註2）

本書一部分內容將解釋為何人類可以從負面體驗中得到快樂。道理在於：合宜的痛苦可以為快感鋪路；換言之，我們只是預先付出代價，用意是之後能換取更大的報酬。痛苦還能轉移注意力降低焦慮，甚至幫助我們超越自我。選擇痛苦有可能是為了社會整體，也可以展現自身韌性；又或者反過來，釋放出求救訊號。恐懼和悲傷這類負面情緒普遍存在創作中以塑造道德滿足感。人事時地物都對了的情況下，努力奮鬥且克服重重阻礙可以帶來征服與淋漓暢快的感受。

以上便是本書主旨的簡述。接下來的內容會詳細闡述痛苦如何創造快樂，所以本來書名打算直接就叫做「**痛苦的快樂**」（The Pleasures of Suffering）。可是與同事朋友聊過之後，再加上閱讀了更多心理學、哲學及其他領域的文獻，我開始心生疑惑。人類主動追求的負面體驗有許多類型沒那麼單純，不像浸泡熱水、聆聽悲傷的歌曲或挨打那樣可以直接轉換為愉悅，但大家依舊前仆後繼——那樣的經驗有苦，但不一定有樂。

思考另一種自願選擇的痛苦：很多人，尤其是年輕男性，即使不想傷殘或赴死，有時卻選擇從戎參戰；他們想要經歷磨練、恐懼和掙扎的戰火洗禮。然後有很多人選擇生兒育女，通常大家心裡都明白這個過程有多辛苦，各種研究也顯示撫養嬰幼兒那幾年是人生壓力最大的階段。（即便事前不知道，想必很快也會發現。）儘管免不了痛苦犧牲，但是後悔的人極少，甚且這些選擇經常是生涯規畫的主軸。畢竟若人生輕鬆寫意的話，就沒有太大意義了吧？

論及痛苦的重要性已經算是老調重彈。許多宗教傳統都有相關的論述，譬如聖經《創世記》描述原罪造成人類苦難；佛教思想提出四聖諦[1]；馬克斯・韋伯（Max Weber）也以新教徒工作倫理作為價值核心。

學術圈亦不例外，立場相左的學者多半也都承認痛苦有其價值。寫作本書期間我主要住在多倫多，適逢本地一場盛會：加拿大籍心理學家喬丹・彼得森（Jordan Peterson）與知名後現代主義評論家兼極左哲學家斯拉沃熱・齊澤克（Slavoj Žižek）兩人面對面進行辯論，主題就定為「快樂」。《高等教育紀事報》（*The Chronicle*

1　譯按：即「苦集滅道」。

of Higher Education）不僅報導兩人的學術背景，也引述雙方觀點並指出其中相似處。（原註3）而顯然他們兩位都很推崇痛苦。「生命的目的，」彼得森曾在著作裡寫下：「是找到你能承擔且承受的最大負荷。」齊澤克也認為：「唯有永恆掙扎的生命能帶來深刻的滿足。」我個人覺得這兩句話稍嫌誇飾了些，例如掙扎非得「永恆」這麼久嗎？但無論如何，兩位學者承認痛苦對於人類生命的重要性，與我可謂思想上的好兄弟。

我在書中同時處理幾個議題，多半針對我覺得有趣，以及我認為大家會感興趣的特定問題。為什麼有些人喜歡看恐怖片？為什麼有些青少年會自殘？BDSM[2]的吸引力何在？非自願的痛苦，例如經歷孩子死亡，是否讓我們變得更堅韌或更有愛心？收入加倍快樂也會加倍？生兒育女如何影響我們對生命意義的看法？

然而我也會從更廣的層面切入，同時為人性進行辯護。許多人認為追求快樂是天性，人類在乎的僅只愉悅別無其他。我希望說服各位讀者：仔細觀察大眾對於苦難疼痛的欲望表現，將會發現事實不然，人類始終尋求更深刻、具有超越性的體驗。

2　譯按：分別代表「綁縛調教」（Bondage & Discipline）、「支配臣服」（Dominance & Submission）、「施虐與受虐」（Sadism & Masochism）等含義。

本書主旨並非排斥享樂，而是認同所謂「動機多元論」（原註4），亦即每個人各自擁抱不同的生命意義實屬正常現象。我的個人見解與經濟學家泰勒・科文（Tyler Cowen）相符，他之前在著作中提到：

> 人類個體的生命中何者為好，無法以單一價值做判斷，美、正義、快樂並非絕對依歸。兼容並蓄的多元論更為務實，能夠接納的價值範圍十分廣泛，包括人類福祉、公平正義、美感與成就的巔峰追求、德行的精進等等，不僅包羅萬象，有時甚至彼此互斥。生命是複雜多變的！

最後值得一提的是：本書論及的某些觀念或研究成果還具有實用意義。我經常想到以前讀過的兩本書，分別是米哈里・契克森米哈伊（Mihaly Csikszentmihalyi）的《心流》（*Flow*）以及維克多・弗蘭克（Viktor Frankl）的《活出意義來》（*Man's Search for Meaning*）。兩者都不算是市場定義的自助書籍[3]，但內容針對人性與人類的發展方向提出鮮明主張，促使許多讀者重新建立生活模式。

弗蘭克留待後面再談，先來說說《心流》。以我自己而言，大半人生都過得汲

3　譯按：self-help，內容以指導讀者解決心靈或人生問題為主。

汲營營，花了很多心力在馬拉松訓練、學習電腦程式這類活動。我從來不以為苦，也沒有多想。後來在契克森米哈伊的論述中讀到「心流」狀態連結到快樂與成功，我首次察覺這種追求有其價值，遠超乎自己先前的理解。於是我開始主動投注更多時間在創造心流，也因此獲得更多快樂滿足。

這兩本書對我自己和許多人的生命都影響深遠，而我但願拙作也有機會發揮同樣的功用。

同類型書籍我自己也讀得夠多了，很清楚下個階段該從何處切入。如果按照慣例，這時作者會對大家說：人類面臨危機，我們不快樂、抑鬱、焦躁、懶惰、缺乏紀律、隨波逐流，還有自我毀滅的傾向。然而面對最惡劣的時代，解答遠在天邊近在眼前，當務之急就是好好閱讀手中這本書。

許多好書確實採取這個策略。契克森米哈伊在《心流》一書中花了頗大篇幅陳述為何繁榮導致我們的生命失去意義，其中現代美國人是最典型的悲慘範例。他還說：「鮮少有人真正快樂。」（原註5）艾蜜莉・艾斯法哈尼・史密斯（Emily Esfahani

Smith）在《意義：邁向美好而深刻的人生》（*The Power of Meaning*）一書中提到，一九六〇年代憂鬱症人數激增及隨之而來的抗憂鬱藥物大量使用：「絕望與不幸持續增長，程度堪比流行病。」（原註6）約翰．海利（Johann Hari）也在《照亮憂鬱黑洞的一束光》（*The Lost Connections*）引述相同現象，他說他要探討的就是為何「越來越多人感到憂鬱和極度焦慮」。（原註7）不久之前，大衛．布魯克斯（David Brooks）在暢銷書《第二座山》（*The Second Mountain*）中說道：「這個社會有計畫地反制喜悅。」並進一步討論「人際互信低落、心理疾病、自殺激增的問題」。（原註8）

值此同時，亦有許多人提出不同想法，指出相對而言目前已是史上最美好的年代。其中最具影響力的代表人物是史迪芬．平克（Steven Pinker），《再啟蒙的年代》（*Enlightenment Now*）一書以大量數據佐證人類世界漸入佳境的現況。他從數百個案例研究中挑出幾個經典，如預期壽命大幅延長、兒童死亡率驟降、糧食充足、識字率提升、教育普及、休閒時間增加等等，而且貧困、戰爭、暴力、種族主義、性別與性傾向歧視等社會問題都逐步緩解。（原註9）

然而相信社會進步與抱怨現代生活其實沒有衝突。謹慎的平克自己也點出：

「比過去好」不代表「足夠好」，他也不否認還有許多人依舊活得悲慘。何況彙整的資料僅反映至今的趨勢，未來是否開始走下坡沒人說得準，或許氣候變遷或核戰一夕之間便為人類文明劃下句點。

即便如此，若能挑選自己誕生的年代，最合乎理智的選擇仍然是當下，對於最貧窮地區的居民、女性、少數族裔、同性戀或跨性別者尤其如此。每年數百萬人脫離赤貧，我們不只該感到欣慰，也該換個角度思考：權衡得失，自己對現代生活的那些嘮叨埋怨實在不算什麼，譬如「推特上的人嘴好毒」、「飛機座位太小了」之類的。

就相對而言過得尚可的多數人而言，世界同樣進步很多。我想到的例子是網際網路，它或許不如預期壽命或者他殺率下降這樣攸關生死，但所帶來的改變確實巨大。此刻我打字使用的電腦可以連結到幾乎全人類的所有書籍、電影、電視節目，而且大半都免費。我輕輕鬆鬆就能聆聽史提夫・馬丁（Steve Martin）的老喜劇片音樂專輯、閱讀珍・斯邁利（Jane Smiley）的小說，或者隨艾利斯・庫珀（Alice Cooper）的旋律搖擺肢體。我年紀大了，過去的日子還烙印在腦海：以前每次出國，想和故鄉親友說說話都嫌電話費太貴，而且當年的電話只有語音，看見彼此表情這種事情屬於科幻小說情節。如今我坐在紐西蘭的咖啡店，拿出手機就能與遠在加拿大渥太華的外甥女們望著彼此聊天，倘若年輕的我有幸能目睹此情此景肯定嚇傻。反過來說，生活模式起了這麼劇烈的轉變卻還是有很多人不為所動，顯示我們是個適應力強大的物種，卻也因此容易將這些發展視為理所當然。

一定有人感到疑惑：上面提到的各種進步，能夠真正滿足人類嗎？大家不是說快樂來自內在，就像莎翁名句「世事無好壞，一切隨心造」？確實，我們可以在豐饒的世界裡過得悲慘，也可以在艱困的處境中心生喜悅。

說得很對，接下來我們就會針對這種現象進行許多討論。只不過更強烈、更清晰卻鮮少有人提及的事實是：終究是身心舒適的人比較容易覺得生活美好。看見兒女快要餓死，或者自己得了不治之症，恐怕很難真正快活滿足。增進生活狀態對我們的幸福快樂沒有任何影響才叫人不可思議。

事實上，平克指出，至少以近代而言，快樂呈現正成長。（原註10）許多國家進行各種調查的結果顯示，調查問及的時間越接近當下，民眾的快樂感越高。多數受訪者自述生活過得不錯。若以數字呈現，《世界價值觀調查》（*World Values Survey*）發現全球百分之八十六的受訪者說自己「還算快樂」或「非常快樂」。（原註11）強調苦難數不盡的專家學者無意間親身示範了相關研究另一項重要發現：我們常低估別人的快樂程度，自以為是幸運的少數例外。（原註12）

然而現實情況的確不是利益均沾，有些國家比其他國家更快樂。（原註13）讀者或許會質疑快樂如何測量，本書之後也會討論「快樂」一詞的模稜兩可及其他問題。所謂快樂（happy）在不同語言有不同意義，相互比對並不容易。但是研究使用的詞彙與研究方法的差異似乎不影響結果——《世界價值觀調查》是問受訪者的「快樂」程度，而其他不同調查則請受試者對自己的生活做出從零（最差）到十（最佳）的評分。

更何況無論如何切入，得到的結論毫無意外，最快樂的國家如大家所料，是北歐的芬蘭、丹麥、瑞典之流，還有瑞士、荷蘭、加拿大、紐西蘭與澳洲等等。這些地區人民所得高、預期壽命長、社會支持網強穩，以及居民享有高度人權，表現出信任與慷慨。

對比不同國家，會察覺人類發展的最佳條件有些現象值得玩味。艾德．迪納（Edward Diener）的團隊指出：無論自由派還是保守派，雙方人馬都有話題可以吹噓。自由主義的政策如漸進稅率、強化社會福利等等與快樂呈正相關，可是保守派強調的元素如一定程度的經濟競爭也有同樣效果（共產國家的快樂程度多半低落）。（原註14）亦有研究發現若回歸個人層面，宗教、婚姻、家族關係穩定這些傳統要件同樣能預測快樂程度；但要注意的是，養育兒女的情況比較複雜，後面會再詳細討論。

這些研究結論指向快樂並非一成不變，譬如儘管有遺傳因素影響，但若能選擇居住地，就可以提升或降低快樂程度。活得悲慘？收拾行囊，搬去多倫多或斯德哥爾摩吧。嫌自己活得太順遂？名單最下面那些國家歡迎你光臨。有人不相信是所處國家影響了一個人的快樂程度，他們主張說瑞典人之所以快樂是他們有快樂的基因或文化，將瑞典人放到安哥拉或古巴這兩個較慘的地區不會造成改變。可惜事實不然，已有數項研究顯示，縱使出身地略有影響，最終來看一個國家的原生族群與外來移民的快樂程度相差無幾。也就是說：實際居住生活的社會環境能決定個人的快樂感受。（原註15）

既然人類社會發展得還不錯，撇開學術興趣，我們為什麼還要思考何謂良好生

活的最佳條件？

不知道會這麼問的人是否恰巧是美國人。想要聊危機，美國是最合適的起點。作為地球上最有錢有勢的國家，美國的表現卻相對很差，所幸平均分數尚可：以《世界快樂報告》來看，在一百五十六個國家之中排名第十八。

事實上美國確實進入低潮期。儘管某些主題尚有爭議，（原註16）譬如寂寞是否可視為一種流行病，但從整體數據來判斷，背後勢必有問題存在。縱觀全球，自殺比例近年大幅下降（從一九九〇年中期至今降低了百分之三十八）（原註17），然而美國境內卻反其道而行，自兩千年起飆升三成。（原註18）大衛·布魯克斯認為情況「駭人」，彷彿鴉片藥物氾濫時期的「慢性自殺」。（原註19）他指出過去幾年裡美國人平均壽命逐漸減少，就富裕國家而言實在令人訝異——以美國歷史而言，同樣現象上回是發生在一九一五至一八年間，第一次世界大戰與西班牙流感奪走超過五十萬美國人民的性命。[4]

布魯克斯等人認為核心問題在於「意義的危機」，源於宗教信仰式微、迷失生涯目標，以及真實的人際互動大不如前。約翰·海利表示：「我們以臉書好友取代鄰人，以電玩遊戲取代有意義的活動，以個人動態取代國內外大事。」（原註20）

4 作者按：撰寫本書時間為二〇二〇年八月，全球面對新一波流行病疫情，新冠肺炎對人類健康和發展的長期影響尚屬未定之天。

然而早在社群媒體蓬勃前問題就已經出現。賽巴斯提安．鍾格（Sebastian Junger）在《部落》（*Tribe*）一書中勾勒出十八世紀末兩種文明在美國土地上爭奪的景況。他說：「工廠如雨後春筍在芝加哥繁衍，貧民窟的根伸進紐約深處，同一時間千里外卻仍有印第安人拿著長矛與飛斧作戰。」（原註21）雙方衝突的過程中，不可免地一部分移民被擄走，主要是婦孺。奇怪的是，儘管與親友離異又生活匱乏，卻有許多俘虜覺得重獲新生，願意與擄走他們的人結婚生子、並肩作戰，不願隨救援者歸返原本的社會。少數案例中，他們得捆綁俘虜才能完成人質交換，但這些人回到舊家園之後卻又決定逃出去，繼續與美洲原住民作伴。

相反情況從未發生。班傑明．富蘭克林（Benjamin Franklin）於一七五三年寫信給朋友時提起此事很是詫異：「就算將印第安人的孩子帶來養大，學會我們的語言和風俗，只要他們返鄉一次、和親人講上話，就幾乎不會回頭了。」

鍾格提出疑問：原住民社會究竟有什麼魔力讓先進歐洲文化黯然失色？他認為答案是俘虜們找到了具有意義和目的的生活體驗，融入了社群中。

講理的人擔憂生命缺乏意義，不講理的人也一樣。美國恐怖分子希歐多爾・卡辛斯基（Theodore Kaczynski）造成了三死多傷的慘劇，他寫下三萬五千字的《大學炸彈客宣言》（*The Unabomber Manifesto*）[5]，文中將人類的目標分為三個等級，最低階不大費力就能達成，中階則需要非常努力，最後一階根本不可能實現。他認為現在已經找不到中階目標，於是主張唯一解決辦法是摧毀科技，重啟文明。

彼得・泰爾（Peter Thiel）[6]讀過這篇宣言後加以總結：「你能做到的事情，小孩子也做得到。你做不到的事情，愛因斯坦再世還是做不到。」（原註22）他進一步提出分析：這種悲觀思想在基本教義派運動中非常普遍，類似的意識形態無法在顯而易見的道理與不可知之間提供緩衝。此外，這種態度未必只會轉換為暴力行為，也可以透過厭倦和無力感來反映。他以文青風（hipster）為例解釋：「偽造的復古風攝影、重新流行的八字鬍和黑膠唱片，再再讓人想起那個對未來依舊樂觀的往昔歲月。如果值得做的事情都做完了，只好假裝自己對成就過敏，然後去開家咖啡店。」

相較過去，現代社會是否真的苦於失去意義與目的，我個人不敢妄下斷言。然而我發覺很多人的生活裡確實少了一樣東西：有意義的計畫。這樣的計畫會伴隨著

5　譯按：全名為《論工業社會及其未來》（*Industrial Society & Its Future*），一九九五年聯邦調查局以「阻止炸彈案再次發生」為由，允許其論文公開發表於大報。
6　譯按：Paypal 共同創辦人之一。

痛苦、困難和掙扎奮鬥，對我們來說卻可以是一種救贖和解藥。近年來最知名的社會運動人士格蕾塔・童貝里（Greta Thunberg）[7]的一則推文精準呈現了人找到生命意義的典型反應：

> 在我發動罷課之前，整個人精神渙散，沒朋友也不與人講話，獨自窩在家中，還罹患進食障礙。但現在全好了。在這個有時看來膚淺空虛且對許多人來說沒有意義的世界中，我已經找到自己的生命意義。（原註23）

維克多・弗蘭克得出類似結論。一九三〇年代，他執業之初在維也納擔任精神科醫師，研究主題正好是憂鬱症和自殺。（原註24）那段期間納粹崛起，於一九三八年拿下奧地利。弗蘭克不願放棄病患和年邁雙親所以選擇留下，淪為被關進集中營的數百萬猶太難民之一。最初他被關在奧斯維辛（Auschwitz），後來被送往達浩（Dachau）。他不改學者本色，持續觀察獄友狀況，試圖分辨能夠保持心態正向與落入負面的關鍵何在，他想理解什麼因素導致人類崩潰絕望，最後往往選擇自斷生路。

7 譯按：媒體稱其為「瑞典環保少女」，曾獲提名為二〇一九年諾貝爾和平獎候選人。

弗蘭克認為答案就是「意義」。最有機會活到最後的人，通常生涯較為寬廣，計畫、目標、關係較明確，也有活下去的理由。後來他在著作中提到：「知道自己『為何』而活的人，幾乎任何『境遇』都能夠承受。」

身為精神科醫師，弗蘭克十分關注心理健康。他離開集中營之後以生命意義為核心開發新的療法，但著眼點不限於這麼做可以為人們帶來快樂或心理韌性，還因為他相信這是人類本應追求的生存狀態。弗蘭克謹慎區分了快樂與亞里斯多德所謂的「幸福」（eudaemonia），後者若詳細加以定義可闡釋為「良好的心靈狀態」，實際上就是更廣更深的快樂，也是他真正要說的概念。

戰爭結束，他獲釋時已經四十歲，妻子和母親手足都被納粹殺害，他幾乎一無所有。弗蘭克重建家園，也重拾精神科醫師的工作，後來再婚還有了孩子和孫子。他也發表了著作，首先就是描述大屠殺的經典《活出意義來》（*Men's Search for Meaning*）。（原註25）弗蘭克以高齡九十二歲過世，剛好完成最後一本書，度過極其豐盛、充滿意義與愉悅的生命。

在此我想先聲明自己的立場。我**並非**主張境遇悲慘的人還需要更多痛苦。若一個人已經想要自殺，別人竟還要他去嘗試過得更苦一點，這種建議不僅荒誕可笑也麻木不仁。

事實上，針對特定類型的痛苦，我想我的態度比多數人還要保留。譬如之後會提到，很多學者認為生活中的負面經驗對人有幫助，理由是受了傷才會成長，才能培養出仁慈無私的心或找到生命意義。但我不吃這套，我覺得非自願的痛苦都很糟糕，能避則避才對。

那麼我**究竟**主張什麼？本書將為三個相關概念進行辯護。首先，無論涉及痛覺、恐懼或悲傷，特定類型的負面體驗在自願的前提下，其實能夠成為愉悅的泉源。再者，好好活一遭不僅是追求愉悅，也得將道德良善與生命意義納入考慮。最後，某些與努力、辛勞有關的痛苦是達成更高目標的必經之路，也是活出充實人生的前提。

前言最後我要做一番告解：深入這些話題前，我嘗試過外界對快樂的很多說法，結果不但不滿意還變得憤世嫉俗。很多販賣快樂的產業流於表面，並非奠基於實證或完整理論，不是科學而是詐騙。

上面這段話或許有點辛辣，背後原因之一是我和很多人一樣，透過諸如 TED 演講或自助書籍等等管道獲取資訊。然而我發現這種過程本身就是篩選，也是扭曲——為了留在臺上露臉、為了得到名利，講者必須對各種生活問題提出解答，顧不得背後資料是否完備。我不想過度放大這個現象，畢竟各行各業的名人都一樣，有些很老實、有些只是譁眾取寵，但販賣快樂的產業裡後者數量頗多。

幾年前我獲邀進入某個講者群，聽眾是弗羅里達州一群富裕人士。會議開始當天，晚宴結束後主辦單位忽然公布有一位神祕嘉賓，他和其他講師不同，並非來自學術界或商業圈。但是他最有名，所以一聽見名字所有人都歡聲雷動。此處就不點破他的身分，姑且說是美國目前最知名的勵志講師之一。我也早有耳聞，覺得能在現場體會一回十分幸運。

主持人聲稱當晚活動會帶來身心的成長轉變。確實如此，只是改變的方式與計畫不同。講者滿身大汗說起心理學界足以改變人生的研究發現，內容卻充滿謠言誤解與早就闢謠的說法，還剽竊 HBO 自製節目的橋段當作自身經歷。此外，自相矛盾的問題也很明顯，前面宣揚無限的大愛，後面忽然要我們參與大衛・馬密（David Mamet）式的練習活動，對著隔壁賓客大吼：「**我能搞定你！**」（I own you!）我一本正經盡力演出，但旁邊坐的是位歷史學家，她看我耍寶以後微笑無語。

關於幸福和美好人生，外界所言不能盡信，我也意識到自己以前想得過分簡單不夠全面，這並非花個幾天時間沉澱就能釐清的事情。身心靈是一門複雜的學問，參與者有自詡的「正向心理專家」，也有不願和那群人沾上邊、大膽假設小心求證的學者。影響我觀點的學界人物包括：米哈里・契克森米哈伊、大衛・德斯泰諾（David DeSteno）、艾德・迪納、丹尼爾・吉爾伯特（Daniel Gilbert）、強納森・海特（Jonathan Haidt）、丹尼爾・康納曼（Daniel Kahneman）、松雅・隆博米爾斯基（Sonja Lyubomirsky），以及正向心理學始祖馬丁・賽里格曼（Martin Seligman）等等（此處並非完整名單）。本書也參考了其他作者類似主題的出色論述，例如艾蜜莉・艾斯法哈尼・史密斯和布羅克・巴斯蒂安（Brock Bastian）；（原註26）前者針對意義，後者討論了痛苦與受苦。[8]

但本書不只是總結別人的意見和研究，也涵蓋一些相關論述不多的主題，例如

8 作者按：必須強調的是，這領域的資訊流動快速，多數書籍出版時內容已經談不上是第一手。若想跟上最新進度，我個人建議收聽 podcast《快樂實驗室》（*The Happiness Lab*），頻道主持人為我的同事兼好友羅莉・桑托斯（Laurie Santos），網址 https://www.happinesslab.fm。

人類從痛苦中得到的愉悅、苦難在生命中的地位等等，而且會嘗試從較少見的角度切入。書中提出的論點有些已經得到科學證實，有些則是主觀臆測，我盡量將兩者區隔清楚。

誠如沃克·柏西（Walker Percy）所言：「小說說的不是我們不知道的事情，而是我們明明知道卻又不知道自己知道的事情。」同樣一句話，有時主詞換成心理學也適用，我就打算跟大家說些你們不知道自己知道的事。

第一章
快樂與痛苦

如果我們相信追尋快樂是人的本能，自願選擇痛苦反而不再違反邏輯。

我家小兒子查克喜歡自找苦吃，總會主動找朋友玩什麼耳光大賽、芥末決鬥之類，做個高中畢業專題居然揚言攀上聖母峰。但畢竟平日還得上課，目標自然不是真正的那座山，只能模擬聖母峰兩萬九千零二十九英呎的高度，下午放學以後就去體育館的攀岩練習場爬上爬下好幾小時（每天移動近一千英呎、每週四到五天，總計三十天），然後在部落格上換算實際位置，想像自己從尼泊爾基地營出發、上山、下山，途中看見什麼風景。過程累人，他叫苦連天卻又樂此不疲。

我敢打賭此刻正在讀這本書的你也做過類似的事，可能是放棄柔軟的床墊和舒服的熱水澡跑去露營，或者常騎單車享受許多人津津樂道的「痛爽感」（sweet pain）（原註1）。曾經有單車騎士描述那個滋味是：「喘不過氣，打從骨子裡感到疲累，可是看見成績進步了又忍不住嘴角上揚……爬坡的時候腦袋自動忽略兩腿肌肉在尖叫吶喊，全心全意向多巴胺之神禱告。」

我自己沒騎單車，不過很久以前參加過紐約馬拉松。下定決心的時候體況還很差，所以事前準備超過一年，期間還得面對新英格蘭地區極其冰冷的冬天。時至今日我仍然記得在凌晨的昏暗天色中跑著，被凍得臉頰麻木、皮膚起泡、渾身肌肉痠疼是怎樣的感受，然而那卻是我十分珍惜的一段記憶。

有些受虐的愉悅感則是較為被動的，但人們透過這樣的行為享受興奮刺激、征服感或性慾已不足為奇。不過恐怖片又是怎麼回事？幾年前我正好撞見一幕：大兒子邊做物理學作業，邊在筆電上播放一部法國的食人主題電影《肉獄》（*Raw*）。雖然只瞥見一眼，但我整個下午都覺得不對勁，那種畫面已經超過我的忍受程度。還有每次聊到性虐之類的東西，我都只能仰賴二手轉述。

（後來大兒子還興高采烈介紹我看 Reddit[1] 上一個叫做 r/wince 的討論區，如其名看了會讓人忍不住臉部肌肉抽搐。我才點進去，就看見當天精選照片是「穿指貫骨的釘書針」，一想到就渾身虛脫，視線趕快轉到別的地方。）

也許你就喜歡這種東西，剛才已經放下書本，上 Netflix 或 Reddit 搜尋我說的電影。又或者你和我一樣，這方面的心靈比較脆弱一些。但無論如何，所有人都對負面體驗有些胃口，譬如我也喜歡《黑道家族》、《絕命毒師》、《冰與火之歌：權力遊戲》這些戲劇作品，內容涉及暴力，出現性侵、謀殺、凌虐的橋段，描述各式各樣痛苦失落的情境。即便如此我還是很沉迷，也相信大家都一樣，縱使厭惡暴力，也可能被哀愁之類其他氛圍打動。

喜歡怎樣的痛苦、需要多大的強度都因人而異。像我喜歡很辣的咖哩和雲霄飛

1　譯按：美國最大的電子佈告欄系統。

車，但熱水澡就覺得不必太燙。長跑也沒問題。但虐戀？這問題似乎太私人了點。

總之，撇開個體差異，人皆受到痛苦的誘惑。

尋求痛苦是難以理解的？

在進一步討論之前，我想先解決名詞釋義的問題。本書中提到「愉悅」（pleasure）、「痛苦」（pain）的時候與口語意思差不多，大致上前者讓人發出「啊……」的驚嘆，後者讓人發出「噢！」的哀嘆。不過我也會談到並非生理痛楚的負面體驗，比方說處理困難專案所以長時間加班、沉溺在悲傷記憶中無法自拔，或者明明很餓卻因故不進食。這類情境有時候我用「受苦」（suffering）一詞來呈現，它們符合字典的定義：持續的疼痛、挫折或艱困。（字典的定義沒有強調必須是**大量**的疼痛、挫折或艱困。）

然而我發現有些人對於這幾個用詞感到不適，甚至憤怒。之前我將小事（實驗室內的輕微電擊）描述為受苦，一位年長女士忿忿不平地說，她父母經歷了二戰，那個**才**能稱之為受苦。從她的角度來看，我將受苦的定義過分擴大，彷彿變相貶抑了她家族的悲慘過往。這種感覺我明白，就像有人把機場排隊過安檢說成「酷刑」我也覺得有點過頭，如果只是誇飾還無所謂，倘若發自內心未免不知天高地厚。

我多希望英語詞彙能夠更豐富多元，那麼就能輕鬆做出區隔。可惜目前辦不到，我也只能繼續以痛苦和受苦來描述所有負面體驗。好比伸舌頭頂蛀牙，雖然只是隱隱作痛但仍舊算得上是一種痛苦。如果不喜歡這種措辭，大家可以自己在心裡轉換成繞口但更精確的敘述，例如「因為生理或心理因素，通常令人不適的體驗」。對主題有共識，討論才能延續。

本書會探討兩種不同的自願受苦。第一種自願受苦包括吃辣、泡熱水、恐怖片、激烈性愛或運動等等，這些體驗其實能帶來愉悅，原因是增加了未來體驗的樂趣、提供逃避自主意識的出口、滿足好奇心、增進社會地位。另外一種自願受苦則好比爬山或生育，過程通常極為辛勞而且不舒適，卻又是豐富人生的元素。

雖然都是自己選擇的受苦，但前者追尋愉悅，後者追尋意義，兩者之間仍有不小差距。舉例而言，泡熱水、虐戀、吃辣是主動的行為，我們心裡早有期待，種種不適感受本身就是事件主軸。另一種苦就未必了，為馬拉松練跑的時候大家不希望受傷也不希望成績差，但實際跑起來無法避免失敗的可能性。參加比賽的人很少想要輸，但如果知道自己每次都能贏也沒了樂趣；同樣道理適用於人生多數情境。

白日夢的缺陷之一就在於沒有輸的可能。行為經濟學家兼精神病學者喬治．安斯利（George Ainslie）曾經說白日夢有「稀缺性缺乏」（shortage of scarcity）（原註2）的問題：我們可以想像自己受困，卻也隨時能自由離去；這種自由造成這樣的獨自幻想缺少許多樂趣。

所以不必懷疑，「全能」非常無趣。如果沒有氪星石，超人的冒險故事還有誰想看？事實上，真正的全能恐怕是一樁災難，老影集《陰陽魔界》（*Twilight Zone*）就演繹過這個主題：（原註3）有個流氓死了，清醒時訝異發現自己身在類似天堂的地方，要什麼有什麼，無論性愛、金錢、權力都唾手可得，想不到越到後面越覺得活著沒意思，滿心挫折的他終於對嚮導表示「想去另一邊」。出乎意料的是，嚮導說他打從最初就不在天堂，這就是「另一邊」的生活。

所謂「苦中作樂」、「轉苦為樂」的說法有其道理，某些形式的痛苦或壓力對人類頗具吸引力，三溫暖或性虐色情就是證據。思想深刻的音樂人約翰．庫格．麥倫坎（John Cougar Mellencamp）做了一首歌叫〈痛得美妙〉（Hurts so good），大家聽了都點頭稱是，但回頭想想這句話很怪，有點似是而非，畢竟理論上痛苦的性質應該是負面的。

大衛．劉易斯（David Lewis）的經典論文做了一個設想：如果有個瘋子對痛苦的感受異於常人，一般人希望痛苦停止、因為痛苦而哭喊，但他遭遇痛苦則有個古怪反應，會翹腳、彈指，並開始思考數學問題，而且沒有逃避或結束痛苦的動機。（原註4）

劉易斯做了複雜分析，但我和多數讀者大概心裡都是同樣想法：這個人根本不覺得痛苦吧？雖然瘋子將自己的體驗稱為痛苦，恐怕只是心理疾病造成了認知混淆，既然沒有負面感受就沒理由說自己痛苦才對。

正因如此，從痛苦中得到愉悅更令人費解。思考以下兩個詞彙，以及透過搜尋引擎會找到的釋義：

愉悅（pleasure）：快樂、滿足以及享受的感覺。

痛苦（pain）：高度不適的生理感受，由疾病或創傷引發。

兩者看起來恰好相反。再看看國際疼痛研究協會底下的分類小組提供的技術性說明，（原註5）痛苦是「不適的感官與情緒經驗，由確切或可能的組織損傷引起，或用於描述此種損傷」——你是否注意到，「不適」兩個字又出現了。如果說一個體驗同時令人愉悅又不適，合理嗎？

在某些思維模式底下這確實不合邏輯，比方說假如我們認為每個瞬間的體驗都有對應分數，從一到十，分數越低越糟糕、越讓人想迴避，分數越高越正面、越值得追求，那麼高分與低分確實無法並存。就像水不可能同時又冷又熱，只能是冷、熱，或者落在中間某一點。或許八點鐘時水還是熱的，到了八點十五分就涼了；又或者右邊是熱的、左邊是涼的。但同一個位置的水不可能又熱又涼。

再換個角度，從心理狀態的功能切入。傑瑞米．邊沁（Jeremy Bentham）說過：「自然以兩個最高主宰掌控著全人類，分別是痛苦和愉悅。」（原註6）連他都認為兩者是相反力量，將我們推向不同方向，像胡蘿蔔和棍子一樣發揮趨避作用。我們怎麼有辦法又趨又避？

現在稍微來談談佛洛伊德，不過先強調一點：無論你是否同意他的觀點，佛洛伊德是能欣賞這個矛盾現象的人。他在著作中說到人的首要目標是「趨樂避苦」，所以尋求痛苦是「難以理解的」，如果發生這種事，「就好比我們心靈生活的守門

人被下了藥失去行為能力。」——（原註7）

愉悅的哀傷，悲慘的喜樂

想解開這個謎，或許首先得承認痛苦本來就不是愉悅。人確實會尋求痛苦，但動機可能是獲得其他好處，取捨本就是生命常態。天冷的時候走出家門瑟瑟發抖十分難受，為的是取回忘了帶回家的重要包裹。動手術絕對不舒服，但為了醫治痼疾也是不得已。去公家機關呆坐半天很無聊，但不去就沒辦法更換駕照。更極端的例子則是甘願承受嚴刑拷打，也絕不供出同志身分。很多理由促使人們選擇承受痛苦，前提並非否認痛苦的負面性質。下一章探討良性受虐，在很多例子裡，選擇痛苦是要換取後來的短暫愉悅。這樣的解釋並未否定痛苦是不好的。

只不過事實上痛苦本身就未必總是負面的。雖然很矛盾，但觀察某些臨床症狀能夠察覺端倪。

你可能聽說過所謂「先天性無痛症」（congenital analgesia），有這種問題的患者儘管能知道自己被打被弄傷，卻不因此覺得痛，於是沒有迴避的動機，導致他們通常活不過二十幾歲。由此可見痛苦對於預防和治療創傷的生理機制具有重要意義。

更叫人困惑的是「痛覺說示不能症」（pain asymbolia），患者能感覺到痛，也能描述自己體驗到痛，卻並未因此感到不適。這類病患願意讓醫生和科學家進行侵入性很高的檢查，這些檢查若放在你我身上應該會痛到不行。可是他們並非麻木不仁，比如一名個案說：「我覺得有點痛，但就還好，沒什麼大不了的。」（原註8）這種現象是源於大腦後島葉與頂葉島蓋兩個區塊受損，而這些區塊的功能是負責對外界威脅做出回應。這樣的症狀也算令人開了眼界：原來排斥疼痛未必是人類身體必然的宿命。

先天性無痛症和痛覺說示不能症也符合兩類止痛劑的分類方式。（原註9）一般的止痛藥是直接降低或阻斷疼痛，而另一種除了減輕疼痛，還會使人進入痛覺說示不能的狀態（有人就這樣形容嗎啡）。施用藥物的病患仍能感覺到疼痛，卻不覺得難受。

尼可拉．葛瑞赫克（Nikola Grahek）指出：我們在日常生活中就能體會痛覺說示不能究竟是什麼狀態。（原註10）他請讀者想像自己去看醫生，因為你左胸上部隱約抽痛，而且擴散至手臂。儘管你擔心是心臟病，醫師很肯定只是肌肉發炎，很快就能痊癒。恐懼隨診斷消失，「即使痛覺仍在也依舊不適，可是心態變得輕鬆許多。」

有時候人對痛楚的反應之所以改變，就是心態不同。作家安朵亞・隆恩・楚（Andrea Long Chu）提及自己接受手術將陰莖轉換為陰道，事前準備漫長而艱辛，疼痛如影隨形。「所有生理痛楚都從肉體遭到侵犯的感覺開始，」她如此描述最初階段。然而過了幾個月，「疼痛與我彷彿達成危險平衡，默認彼此卻又互不過問，就像假日派對上幾個主管碰面只是點點頭便擦身而過。」（原註11）

據說冥想也有這種功用。羅伯特・賴特（Robert Wright）談到他去禪修中心做的實驗：

> 一顆牙齒蛀到需要做根管治療，後來每次喝東西就痛，就算只是常溫飲料也痛得叫人受不了。為了測試，我在房間打坐三十分鐘，然後吞了一大口水，還特別漱口讓水浸泡到牙齒。
>
> 結果非常神奇且戲劇化：痛覺強烈又鋪天蓋地，但實際感受卻沒有先前那麼糟

糕，而是在痛苦和爽快之間徘徊，甚至有時可以用「嘆為觀止」來形容，其中自有可以品嘗的奧妙。與之前相比，最簡單的形容就是平常牙痛是「噢！」，但現在多了「哇！」。（原註12）

這種經驗告訴我們：痛未必就是負面體驗。而且科學研究和生活經驗都提出更強而有力的證據：痛可以是好的。由此觀之，給每個瞬間體驗打零到十分的理解方式並不準確。或許這種方式適用於其他生物，他們的痛苦和愉悅只是一條單純的連續光譜。可是對人類而言，卻有可能零分與十分同時並存。負面和正面的體驗，也就是痛苦和愉悅，兩者並非對立，不該以溫度高低做類比。

但怎麼可能呢？答案出在人類有能力對體驗做出詮釋和反應。我們對事件感受到喜怒哀樂等反應，然後對這些反應再次感受到喜怒哀樂。（還可以繼續對反應的反應再做出反應，不過太複雜了，我們點到為止。）

以恐懼為例，要是一隻老虎朝你撲過來，想必你會很害怕。人類和其他生物一樣，身體在環境演化中學會反應；恐懼就是一種適應性反應：腎上腺素上升、心跳加速、血液流入肌肉、消化系統減緩，甚至停止作用，身體迅速判斷要戰鬥或逃跑。（饒舌歌手阿姆對人類面對高風險高報酬的社會競爭的描寫也很棒：「手掌冒汗、雙腿發軟、手臂沉得抬不起來，針織衫上沾了嘔吐物。」）接著你可能會起雞皮疙瘩，這是個返祖現象，起於祖先有濃密體毛。再來則是警覺度提升，專注力增加——從各種跡象來看，恐懼絕對不無趣。

這種體驗本身應該是負面的，被老虎追著跑怎麼會開心呢？可是好或壞並非恐懼本身所造成，而是擔心斷手斷腳或者被咬死。倘若事前就能肯定沒有真實風險（比方說虛擬實境），或許你還是能夠體驗到恐懼，生理反應依舊存在，但那種戰慄感未必不好，反倒有機會變成一種樂趣。

否則人們又何必花錢購買這種體驗，鬼屋和恐怖片歷久不衰，大家都知道賣點就在於恐懼。一份研究指出，喜愛恐怖片的觀眾在欣賞《大法師》之類電影時，感受到的恐懼並不比不愛此道者少，後面會再詳述文獻內容。（原註13）有些理論認為恐怖片愛好者的情緒較為麻木，事實不然，他們只是喜歡驚悚感，恐懼越多愉悅也就越多。

再看另一個例子：憤怒通常是因為察覺不公，是一種負面感受。但是人卻能夠品嘗憤怒的滋味，想像大仇得報與伸張正義的快感。我們還能化悲憤為力量。（原註14）

瑪亞・塔米爾（Maya Tamir）與布瑞特・佛德（Brett Ford）設計了一個很聰明的實驗，結果顯示人們若在協商過程中必須與對方衝突（而非合作）時，常常會刻意強化憤怒，也期待這種情緒對自身有利。而事實也證明這樣的策略正確：憤怒的談判者確實成功機會更高。

悲傷也一樣。原本是對負面事件的反應，但其實沉溺在愁雲慘霧裡也能夠是種愉悅，前提是狀況並不**真的**那麼糟糕。（喪親喪友之痛正常人無福消受。）以悲情片為主題的研究發現，觀眾的傷感程度與繼續觀賞的意願呈正相關。（原註15）那種悲傷情緒並未對應到實際的負面事件，所以才有可能反過來提供愉悅。

刻意挑起愁思的詩歌旋律也受到大眾喜愛，歌手拉娜・德芮（Lana Del Rey）和愛黛兒（Adele）是其中佼佼者，《弦樂柔板》（*Adagio for Strings*）、莫札特和威爾第的安魂曲早已成為經典。研究顯示，人類聆聽這些經典作品時確實感受到悲傷，但同時也捕捉到溫柔、懷念等其他情感，並且以此為樂。（原註16）

悲傷的歌怎麼會有如此魅力？或許人類就喜歡在安全的情境下體驗悲傷，只想要那種氛圍，卻不想實際去煩憂。又或者我們有更明確的訴求：艾蜜莉・寇涅（Emily Cornett）留意到剛分手的人更喜歡主題為失戀的歌，她認為原因是聽了這種歌就知道自己不孤單，世界上有其他人經歷過同樣的事。（原註17）她強調重點是自主選擇，如同在所有的負面體驗中，選擇是關鍵。剛分手的人若猝不及防聽見愛黛兒的《如你》（*Someone like You*）恐怕也不會舒坦。我們希望能控制自己落淚的時間點。

所有情緒都能夠如此轉化。電影《大賣空》（*The Big Short*）裡，演員史提夫・卡爾（Steve Carell）飾演的馬克・鮑恩（Mark Baum）似乎時時刻刻都在生氣。有一天他提起妻子曾說是工作造成他不開心，結果同事答道：「你不開心的時候才最開心。」鮑恩附和了這個說法。

前面一直談到負面體驗能成為愉悅泉源，但反過來是否也能成立？本來正面的經驗事後回想忽然變得不美好了？顯然有這種可能。某些罹患憂鬱症的人不願體驗正向情緒，原因之一是他們自認不具備快樂的資格，又或者現在的快樂只是為日後的悲慘鋪路。（原註18）所以不只存在愉悅的哀傷，也有悲慘的喜樂。

文化不同也會出現差異。（原註19）研究發現，相較於西方人，東亞人更傾向質疑快樂。而亞洲文化或許真的對悲喜自有一套辯證邏輯，《道德經》這段話可謂其中精髓：

禍兮福之所倚，福兮禍之所伏。孰知其極？（原註20）

不必深入道家思想也能明白情緒本身具有矛盾的複雜性質。（原註21）近期一項研究從美國、加拿大、中國、南韓挑選受試者，詢問他們對不同情緒有何認知，題目以心理學上普遍且基礎的六種情緒為主，分別是悲傷、恐懼、噁心、憤怒、快樂、驚訝。不出所料，多數人認為悲傷、恐懼、噁心、憤怒是負面情緒，而快樂及驚訝多半正面。雖然文化差異確實存在，但其實各種情緒都有很多層次，不僅悲傷帶有一點正面色彩，連快樂也能沾染一絲陰霾。

再回頭思考肉體上的苦痛。先前提到類似心臟病的反應，現在想像一下自己剛跑完馬拉松，狀態不是很好，心跳劇烈、渾身冒汗又喘不過氣。如果是搭公車或睡覺前忽然有這些感覺，你大概會經歷生命中最惶恐的時刻，擔心自己會猝死。然而馬拉松這個背景導致生理反應變得合理，各種不適只是反映身體經歷的辛苦，看似負面的體驗可以是成就感的一環，值得細細品味。

面部遭到毆打也一樣，本該是特別糟糕的經驗，卻取決於當事人的一念之間。喬許·羅森布拉特（Josh Rosenblatt）記錄自己如何成為綜合格鬥技選手。（原註22）

他表示第一次被人直擊面部確實很慌張，接下來憤怒和羞恥取而代之，但更之後：

開始愛上被打臉，進而追求被打臉。與危險談戀愛，少了它人生空虛……血液流動越來越快，眼眶泛淚、心跳加速，但世界因而閃耀，在濃縮的剎那間體驗生命短暫的輝煌，亦即玄學所謂的永恆。

我個人相信羅森布拉特這番說法（儘管我自己接觸格鬥技的經驗尚未跨越憤怒與羞恥的階段），不過情境脈絡仍舊重要。萬一他是排隊買電影票的時候被人甩巴掌，想必人生不會因此豐富，就算世界閃耀了也不是好看的那種。情境對了，他說的就對，本來可怕的體驗可以成為一種超越的能量。

體驗型快樂與滿足感

到目前為止我們談論的主題都是理解人類對痛苦的感覺，解開它的神祕面紗，而接下來幾章還會繼續深入探討。如果我們相信追尋快樂是人的本能，自願選擇痛苦反而不再違反邏輯。

問題在於人類是否真的想要尋求快樂？很多人深信不疑。佛洛伊德提到生存最主要的動機時也說：「毋庸置疑，人類追求快樂。我們想變得快樂，並且一直快樂下去。這份努力分為正反兩面，一方面要去除痛苦和不適；另一方面則要體驗強烈的愉悅。」布萊茲．帕斯卡（Blaise Pascal）說得更直截了當：「所有人都尋求快樂，無一例外。」為了表達自己的態度有多認真，他後來做了補充：「這是所有人的所有行為背後的動機，上吊自盡的人也包括在內。」

上面這番引述來自非常值得一讀的《快樂為什麼不幸福？》（*Stumbling on Happiness*），同時也算是作者丹尼爾．吉爾伯特本人的觀點。（原註23）他認為大家都在追求快樂，這種心態本身沒問題且合乎理性。有些哲學家對此反感，但在吉爾伯特看來，癥結出在對於快樂的解釋太狹隘。按照他的比喻，追求快樂的欲望在許多哲學家眼中類似腸道蠕動，「人人有之卻不足為外人道。」如果不要說得那麼寫實的話，也可以說哲學家覺得快樂是種呆滯的滿足，或者心靈遲鈍的表現。

吉爾伯特主張我們不必接受這種論述，可以反過來將快樂視為各式各樣經驗擦出的火花，沒有絕對的高低優劣。娥蘇拉．勒瑰恩（Ursula Le Guin）的短篇故事

〈離開奧美拉城的人〉有類似主題：奧美拉是個美妙國度，但居民付出了可怕的代價。（還沒讀過的人可以先看看，註解裡面有網址。）敘事者描繪了奧美拉的風光之後就警告讀者別急著下定論，以為這兒的人們個個天真單調且愚昧。她補充說：「受到老學究和老油條影響，很多人有個先入為主的壞習慣，認為幸福快樂背後就是笨與呆，只有痛苦是智慧、邪惡才精彩。」（原註24）

他們說得都很好，不過也凸顯出「人想要追求快樂」這個說法為什麼有問題。重點不在對與錯，而在於模糊不清，所以派不上用場。

我不是第一個對此提出質疑的人。正向心理學領域的很多研究者早就避免使用「快樂」這個詞，寧可選擇詰屈聱牙的「主觀幸福感」（subjective well-being）。（原註25）原因之一是若要進行不同國家的比較，「快樂」（happy, happiness）很難精準翻譯。（原註26）英語說「她坐在這兒讀書就很快樂」（She is happy sitting here reading）轉成法語和德語時需要考慮脈絡，不能直接套用 *heureux* 和 *glücklic* 兩個單詞。英語的 happy 指涉範圍比較廣，所以說英語比較容易「快樂」。（此處所言當然僅限於詞彙使用頻率，而不是實際心理狀態。）

另一個問題則是，有些人會區分快樂和道德，有些人則否。佛洛伊德寫下「強烈的愉悅」這段話，內心想的並不是增進人類生活與創造美好世界。然而某些人思考快樂時會賦予其道德色彩。哲學家菲莉帕．傅特（Philippa Foot）曾以納粹司令官為例，她認為儘管這個人體驗到愉悅的心理狀態卻不可能真正快樂，因為在那個時空環境下他的生活不可能良善。（原註27）對菲莉帕．傅特而言，快樂的前提是善。

並非所有人都認同傅特的觀點，我就不認同，要我想像快樂的希特勒挺簡單的。可是研究又發現：我們對他人善良與否的評價，確實影響我們如何判斷對方的快樂程度。實證派哲學家做了一系列實驗，包括曾是我門生的喬納森．菲利普斯（Jonathan Phillips）和研究夥伴約書亞．諾貝（Joshua Knobe）。他們向受試者描述了有同樣正面心理狀態的兩個人，結果發現受試者傾向認為道德良善的人是快樂的，自私或縱慾的人則否。（原註28）若從這種角度思考，傅特沒說錯，快樂至少有一個層面與道德相關。

人類都追求快樂的這種說法有個很直接的問題，就是「快樂」一詞在過去有至少兩種意思。「你快樂嗎？」這個問句有可能是指當下（「我正在吃巧克力所以很快樂！」），又或者是指生活整體（「不算快樂，過去一兩年感覺漂泊不定。」）。主張人類追求快樂也就同樣能分成兩種詮釋：一種是像佛洛伊德所言，人類想要把愉悅最大化、痛苦最小化；另一種則如吉爾伯特和勒瑰恩，討論較抽象的概念。

丹尼爾．康納曼團隊有幾項研究廣為人知。他們嘗試區分「快樂」的不同意義，提出所謂「體驗型快樂」（experienced happiness）（原註29），代表此時此刻的心理狀態，亦即當下的感受。如果只考慮到這個層次，將自己對每個時間區段的評分加起來就知道生活過得好不好。舉個具體的例子：根據關於記憶和意識的研究，合理假設人類心理的最小單位是三秒鐘，那麼七十年人生的總分就是將近五億時間單位的總分。（原註30）（此處僅計算清醒時間，睡著的人有無悲喜這個大哉問留待他日再議。）

然後問題就來了。假如只是想要計算自己一年期間的體驗型快樂有多少，換算出來是七百萬單位的時間。七百萬單位時間都用來回答「你覺得如何」，顯然人生會變得很無趣，於是只好亂數抽樣加以推論，（原註31）譬如手機應用程式不定期跳出問卷，受試者即時回答當下的感受。康納曼團隊採用另一種做法：每天早上詢問受試者前一天的狀態，題目包括「昨天是否大半時間有特定情緒？例如＿＿＿」空白處可以填入「壓力」、「快樂」、「享受」、「煩惱」、「悲傷」。這種測量方式會受到主觀偏見與記憶偏差影響，但能大略呈現一個時間區段內的快樂程度，只要再將所有得分加總就可以計算一整年，甚至一生究竟體驗到多少快樂。

上面說的是體驗型快樂，但也可以換個評估標準，姑且稱為「滿足感」。滿足感需要更多主觀的回顧，請當事人思考生活整體而非特定時刻。前面提過其中一種測量方式是對生活給出零到十的評分，分別代表「能想像最糟糕的生活」與「能想像最美好的生活」。這個做法的正式名稱是「坎崔爾自我標定梯形量表」（Cantril Self-Anchoring Scale）。

體驗型快樂與滿足感之間有什麼關聯？丹尼爾．康納曼和安格斯．迪頓（Angus Deaton）針對一千位美國居民進行調查，收集超過四十五萬封回覆，分析受試者的日常體驗與生活整體滿意度。（原註32）多數人直覺認為兩種評估方式殊途同歸，整體滿意差不多等於體驗型快樂的平均。然而事實不然。

思考一下金錢的效用。從體驗型快樂的角度來看，錢越多越快樂非常合理，畢竟金錢能交換到各種正面體驗、透過各種形式改善生活。更重要的是，貧窮會使所有情境變得困苦。兩位研究者指出：「低收入會加深諸如離婚、疾病、孤獨等不幸遭遇的情緒痛苦程度。」

關鍵在於金錢效益是遞減的。原本年收入三萬美元的人忽然得到五千元會歡天喜地，但一開始就賺三十萬的人不會那麼興奮。這也很合理，而且所謂的好事大半也是如此：相較於沒朋友，交到一個朋友就是天大的進步，變成兩個也值得開心……但如果已經有二十個朋友？再認識一個很難讓人多雀躍。

就體驗型快樂來說，金錢的效果在年收入約七萬五千美元時就達到上限。（研究時間為二〇一〇年，考慮通膨的話現在或許可以調整為八萬九千美元。）換言之，中上階級與極富裕的人日常生活差距不大，可能原因在於增進體驗型快樂的事物如社交、身體健康、工作成就感等等，並非有錢就能無限量獲取。

金錢對生活滿足感又如何？和體驗型快樂一樣，兩者有關但效果遞減。不過差異在於，金錢對體驗型快樂的增長有極限，對生活滿意的影響則似乎無窮盡。研究顯示，錢越多就表示越滿意，被詢問到「你對生活的整體感受為何」時，答案就是錢越多越開心。

這個分析結果值得大書特書，因為現代社會流傳一種說法：錢多到一定程度後不僅對生活品質再無益處，甚至反而有害。可是研究結果根本沒有這麼說過。二〇一九年的一項調查將受訪者分為四大類（原註33）：低收入（年收入少於三萬五千美元）、中收入（年收入高於三萬五千但低於十萬）、高收入（高於十萬低於五十萬），最後則是金字塔尖的百分之一（超過五十萬）。多數類似研究有個瓶頸是高收入族群的樣本不足，但這項調查特別找到兩百五十人參與。下面是各階層對生活「非常」或「完全」滿意的比例：

低收入：百分之四十四
中收入：百分之六十六
高收入：百分之八十二
金字塔尖：百分之九十

還沒完：另一項研究鎖定了超級富豪，發現與資產一、兩百萬美元的人相比，坐擁超過千萬美元者對自己的生活更是滿意（儘管幅度差距很小）。（原註34）

歸納研究結論，會發現人類評判生活水準時傾向與他人做比較，而若比較對象為整個社會時根本無上限。此外，康納曼和迪頓發現健康對當下感受有強烈影響，畢竟身體好壞直接衝擊每天生活，且與別人是否生病無關；教育程度占滿意度的比重較高，符合社會比較的脈絡。

享樂主義者的觀點

所以下次再聽到有人說「人類只想追求快樂」，你就可以問：人類追尋的究竟是哪種快樂？想要每個瞬間都體驗最多愉悅？還是盡可能提升整體滿意？

在播客節目中與泰勒．科文對談時，康納曼主張整體滿意程度的重要性：

科文：你的研究中有個項目是人多喜歡花時間與朋友相處。既然好友在一起那麼開心，大家為什麼不多做這件事？

康納曼：我不認為人類是根據這種思維去將自己的快樂放到最大。（原註35）其實這是我後來不繼續研究快樂的原因之一，我本來很有興趣的是人如何最大化快樂的體驗，結果發現這並非多數人關心的重點。大家真正想要的是最大化對於自己和生活的滿意度，與追求最多的快樂是截然不同的路線。

很多人認為**理當如此**。記者迪倫·馬修斯（Dylan Matthews）分析上面提到的文獻時這樣說：「我認為生活滿意比起快樂與否更適合衡量人生。以我來說，時時刻刻的無憂無慮、飄飄欲仙沒那麼必要，我更在乎自己過著怎樣的日子、大致上是不是活得開心。」（原註36）

我也認同這個大方向。本書的一個主題就是要強調：人類並非單純的享樂主義者，不是滿腦子只想追逐當下最多的快樂。也幸好我們不是這樣的生物。

但我並不肯定生活滿意就是我們的最終目的。要記得，研究結論顯示，人類追求馬修斯所謂「大致上活得開心」時會專注於社會比較，最顯而易見的就是多數人努力想賺得比別人更多。想要高人一等的這種心態很難辯護，也不是什麼睿智的人生方向。除了這種快樂，我們是不是該追求其他事物？還有什麼選項？

快樂的問題在於含糊不清、歧義太多。**滿足**有可能代表人生目標和意義，卻也可能只是想在高中同學會上被人羨慕和嫉妒。讓我們暫且放下這兩個詞彙，回到原始的問題：人究竟想要什麼？然後設法找出一個無論別人怎麼想都至少清清楚楚的答案。

答案就是**愉悅**，古希臘語為 *hēdonē*，後來衍生出 hedonist（享樂主義者）代表以愉悅為重心的人。《吉爾伽美什史詩》（*The Epic of Gilgamesh*）已經將這種精神描述得淋漓盡致：「填飽肚子，晝夜做樂！日日歡愉，晝夜舞蹈！……此乃人之宿命。」（原註37）加拿大搖滾樂團 Trooper 也有這樣的歌詞：「我們把握歲月，時光有限，及時行樂，太陽無法每天閃亮。」

享樂主義者不會否認人生充滿各種自願承受的痛苦——凌晨三點鐘搖搖晃晃下床餵飽哭泣的嬰兒，八點十五分還要趕車進城上班，有時得接受痛苦的醫療處置等等。正如 Trooper 樂團所言，不是每天都陽光閃亮，可是享樂主義者知道這些不愉悅是種代價，能交換到更大的利益。或許就像聖經所謂對亞當的懲罰，人類必汗流滿面才得餬口。困難辛苦的工作是通往地位與金錢的門票，乏味的運動和飲食塑造出六塊腹肌也使人老當益壯。借用自由意志主義的口號——天下沒有白吃的午餐。我們以苦作為代價換來更大的愉悅。

無論承認與否，很多心理學家自己就是享樂主義者，認為愉悅是人類的終極目標。針對我做的道德研究發表回應時，他們洩漏了心聲。（原註38）以前我在別本書中提出主張：道德與生俱來，是天擇的產物，因此嬰幼兒都會展現出對旁人命運的關心，也會維護公平正義。然而先天道德有其局限，畢竟是從天擇而來，帶著自私狹隘的性質，需要經由正確的人際和社會經驗才能在成年後開花結果，化作更圓滿的道德觀。

這是我個人的想法。也有學者不表贊同，他們相信嬰兒是道德白紙，不在乎別人痛苦，無法分辨是非對錯。儘管我目前尚未被說服，但我對自己的立場保持彈性：或許我用來當作理論基礎的實驗無法再現，或許會有更好的詮釋角度，又或者未來會有新資料（或理解舊資料的新方法）挑戰我的觀點。科學辯論本來就該保持開放性。

真正叫我嘖嘖稱奇的是另一種論點。有人說嬰兒沒有道德動機，原因在於**所有人**都不具備道德動機，亦即世界上根本沒有道德這回事。我們以為自己在乎是非對錯、去偽存真、獎善罰惡、追求公正良善，但真相是這一切背後的動機都源於自私。生物學家麥可・蓋斯林（Michael Ghiselin）說：「在利他主義者身上切一刀，流出來的血型是偽善。」（原註39）

我並不會嘲笑這種看法。很多聰明絕頂的人都站在那一邊。有個故事說霍布斯（Thomas Hobbes）與朋友走在倫敦街頭，忽然停下腳步給了乞丐一些錢。朋友馬上提出質疑，因為霍布斯明明主張自私是人的天性。但他表示自己的行為**確實**出於私心——給乞丐錢會替自己帶來愉悅，不給錢直接走開則造成自己糾結。

林肯也有類似的故事，還曾經上了報紙：（原註40）

> 有一次林肯搭乘以前那種泥巴車[2]，對車上乘客宣揚理念，表示所有善行都出於自私。但其他人並不認同。後來車子經過木橋，下面是泥潭，一頭樣子很老的母野豬在岸邊不斷哀號。原來牠的小豬困在泥水中，再過不久恐怕就要溺死。馬車準備爬坡，林肯忽然叫道：「車伕，方便停一下嗎？」說完他跳下車跑回河岸，將小豬撈出泥水放上岸。回到車內，同行者忍不住問：「亞伯，你剛才那樣子哪裡自私了？」他回答：「艾德，你怎麼了，剛才我那麼做不就是純粹的自私嗎？對那群豬仔置之不理的話，我接下來一整天都會心神不寧。我是為了自己心安才去救牠們，你難道不明白嗎？」

從這種角度出發，人類的道德，或者說自稱的道德，其實只是為了迴避罪惡感或煩惱。

2 譯按：一種載客馬車。

道德動機與追求意義

我與多數哲學家一樣並不完全認同心理享樂主義的解釋。(原註41) 雖然人類很多行為確實只是為了尋求愉悅、好比癢了就會抓，但動機沒有這麼單一。

我們還有許多特定的目標，就像我現在一邊寫書，一邊希望多倫多藍鳥隊這一季能打得好（只是不敢抱指望）。我希望小兒子的尼泊爾之旅開心又安全（安全最重要），也希望大兒子接下來的工作面試可以順利。我還希望能把握工作進度，這三個月內交得出稿子前半，以及現任總統別連任。朋友出了新書，我希望能叫好叫座，畢竟他是真材實料。然後我還希望在新聞看到的某人能進監牢。這些想法都能化約成基本動機，卻不會只是單純追求愉悅。

心理享樂主義者會大喊：自欺欺人！如果這些事情能夠成真，對我難道不是正面體驗？嗯，當然是，希望某件事成真確實代表事情發生以後自己是開心的，可是這其實無法解釋享樂主義，因為我們看不出愉悅是最終目標，反而更像是副產品。要是你問朋友時間，對方轉頭過來說：你其實不是想知道時間，而是想從這個資訊中得到愉悅快感，建議你還是換個人做朋友。

再來看看日常生活的例子。父母愛孩子，即使不為了養兒防老這類具體回報，仍舊希望下一代過得好。比方說若孩子有智能障礙，爸媽同樣每天長時間陪伴，希望他們有美好童年，建立起自尊和一定的自理能力。雙親還會重視財務分配，願意放棄奢侈品，為的是自己走了以後兒女受到妥善照顧（儘管無法親眼目睹）。若問為人父母者為何願意犧牲，答案很可能就是父愛母愛，以及希望兒女過最好的日子。種種行為不難解釋，也不需要對演化心理學有多深造詣才能明白。天擇壓力導致動物發展出照顧後代的行為；而正好人類是特別複雜的物種，所以我們透過愛來表現。（這種心理動力原本以生物學上的子嗣為對象，但已經擴展至就算孩子是收養的也無妨。）

心理享樂主義者看到這裡會跳出來對父母說：「你們不是**真的**因為愛小孩才做這些事情，而是為了追求養兒育女過程中心裡湧出的暖意，以及避免拋棄孩子以後內心會產生的罪惡感。」但誰會認真看待這種說法？父母實際感受到的並非如此，何況預測效用也很差。按照享樂主義者的觀點，一旦父母拋棄孩子以後會產生更多愉悅和更少痛苦——假設有種藥物能消除親情、抹去未來的罪惡感——他們應該毫不猶豫這麼做才對。事實上當然也有少部分爸媽真的會點頭，對他們而言，海洛因之類的東西勝過全世界，但我敢打賭絕大多數有小孩的人不會這樣選擇。

再不然，想想看為何有士兵願意捨身取義，撲向手榴彈解救同袍。有些死法用享樂主義解釋很方便，就是為了逃避更大的痛苦，但上面這個例子則否。何況並非所有這麼做的英雄都期待上天堂得到永恆恩典，戰場上的死者有很多是無神論者。

再次強調：我並不否認享樂主義的動機論能解釋日常生活的部分行為，把大部分人說成自欺欺人雖然聽起來憤世嫉俗，但輪不到我生氣。譬如對於投票行為的研究發現，政治立場與個人利益緊密得令人起疑。（原註42）想知道一個人對公費托育與富人稅有什麼觀點？先瞭解她有沒有小孩、收入水準為何就能猜到大概。

然而事情全貌不僅於此。證據指向天擇與文化培養了人類本能，我們傾向改善自己所處的社群並尋求公平正義。換言之，我們也有不同於享樂主義的心理動機，甚至有時候是相反的。

那麼為何有人堅稱自己是享樂主義者（我遇過不少）？就算為別人做了些什麼，或者投入漫長艱苦的計畫，他們也將之描述為追求內心的那股悸動。可是提起這種人，我們聯想到的不會是懶洋洋躺在沙灘、吃熱巧克力聖代，或以其他方式迴避辛苦磨難，甚至也不會是含飴弄孫閒雲野鶴、生命到了退隱階段的形象。說到享樂主義者，最大宗還是自認只在乎愉悅，且堅持所有人類一向如此的那群人。

有可能他們根本不瞭解自己。對自己腦袋胡亂套用理論很常見，作為心理學家我已經見怪不怪。佛洛伊德沒說錯：人類可以為自己的行為編理由，即使內心動機南轅北轍。

這個現象在我自己的道德心理學研討班反覆上演。上課主題很廣泛，包括利他主義、公平、忠誠、復仇、禁忌、性、飲食等各層面立場對立的理論。通常第一次上課時，大家圍著桌子坐下了，就會有人發表意見，聲稱自己不相信所謂的是非真實存在。有時原因是學生從很狹隘、接近基本教義派的觀點去定義道德；有時則只是想試試看作為教授的我會有什麼反應。雖然心知肚明，我還是會頂回去，一個辦法就是假設該學期的課堂有哪些規定，譬如給黑人學生較低分、不接受跨性別學生、討論複雜議題時請女性離席，然後詢問對方看法。

學生們當然也看得出我是什麼用意，但一聽見那些規定都忍不住倒抽口氣。此時他們多半願意承認：有教授這樣胡來的話好像真的不大對，無關乎可行性、顛覆規範或效益最大化，就只是「不對」。故事重點在於許多人聲稱不在乎道德，但稍微提醒一下，他們就會意識到自己的矛盾點。（其實世界上恐怕沒有哪個族群比美國大學生更關切道德，這個現象有好有壞。）

說不定你我身邊確實存在真正的享樂主義者，畢竟這也是連續光譜的概念，總是會有極端案例，就好比人人性傾向不同，所以也有幾乎沒性慾的人。我在以前的著作裡主張道德動機天擇說，然而也聽說過純粹的精神變態完全沒有道德感。（課堂上還沒見過，但也理所當然，嚴重的精神變態隨隨便便就露出本性會在人類社會寸步難行。）或許真的有人除了愉悅什麼也不關心，但至少絕大多數人的腦袋並非那樣運作。

我主張一般人內心同時有數種彼此獨立的驅力。其中有些以享樂為主，包括性慾、饑渴的滿足，以至於相對輕微且脈絡正確的痛苦。另一些則與道德有關，如行善的欲望、對於公平正義的追求。還有另一類的驅力牽涉到目標和意義，最適合的描述就是亞里斯多德所謂「心靈的良好狀態」，但實在不好寫也不好讀，所以我盡量少端出來。例子包括人會為了自身追求而攀越高山、上戰場或成為父母。

這幾種動機顯然互不扞格，人生可以同時追求愉悅和意義。雖然追求意義要吃苦，可是有意義的生命就不絕望，有些活動艱難辛苦但過程充滿樂趣。

然而這些不同動機是否有先後順序？哲學家羅伯特．諾齊克（Robert Nozick）

用「體驗機」做比喻（原註43）：進入體驗機之後，我們可以幻想度過充滿強烈愉悅、快樂與滿足的生活，且不必時時擔心自己會錯過真實世界，因為機器會抹去你身處機器內的這個記憶。簡單來說結合了《駭客任務》（*The Matrix*）與伍迪・艾倫那部片[3]裡的「高潮儀」（Orgasmatron），還做得更完美。

諾齊克說他自己是不會進去的。很多人也是，包括我在內。我們希望活在真實世界、真正做點什麼，不是單純「體驗」而已。所以諾齊克說：「首先我們要想做點什麼，接著才會想要過程中的體驗。」將視野拉得更遠些，「被放進培養槽的人，本質只是一團肉糊。」誰會想活在這種狀態下？

不過我得承認並非所有人都這樣想。推特上面有則文章我讀了哈哈大笑，但確實有人這麼想：

> 哲學家羅伯特・諾齊克：「體驗機可以完美模擬心想事成的生活。」
> 我：「我同意。」
> 諾齊克：「等等，看清楚，都不是真的。你會以為是，不過——」
> 已經鑽進去的我：「書呆子再見。」（原註44）

3 譯按：《傻瓜大鬧科學城》（*Sleeper*），一九七三年電影。

畢竟本來也就有人透過藥物抹去意義和真實，只想達到極致的愉悅。那樣的人確實適合走進機器裡。

有些人提出質疑，擔心如我這般的人之所以會如此反應，是因為思維受到現況偏誤給扭曲了，也就是我們不願意改變。（原註45）目前並沒有這種機器，進入機器過活確實是個巨大轉變。不過想像一下，如果諾齊克的例子顛倒過來：你此生到目前為止都過得很棒很美好，忽然砰一聲，你被轉移到某個白色房間，幾個面帶微笑的實驗室人員說，過去幾年你其實都在體驗機內生活，所有的滿足、得意以及人際關係都是操控腦神經模擬出來的錯覺，而今天按照政府規定進行定期檢查，你可以決定要繼續留在機器裡，或者回歸現實——外頭的世界當然沒那麼舒服。如果選擇重新進入機器，你對例行檢查的記憶會被洗掉，依舊認為機器裡面的生活感受就是真實的人生。

我不知道自己面對這個場景會做出什麼選擇，但是聊過的一些朋友表示，即便前提如此，他們仍舊會選擇離開。換言之，存在於真實世界不僅有其意義，對某些人來說意義勝過愉悅的生活。

快樂和意義的關聯

截至目前為止我還沒有詳細解釋我反覆提到的「意義」究竟是什麼意義。別著急！本章結尾我想更進一步支持動機多元論，提供更多理由來區隔尋求愉悅和尋求意義兩種不同的生活模式。

來看看羅伊．鮑梅斯特（Roy Baumeister）團隊所做的研究，他們向數百名受訪者做了數次問卷，（原註46）其中一份針對快樂程度（採用七等制量表），詢問受訪者對以下句子的同意程度：「我大致上覺得自己快樂」、「考慮所有因素後，我覺得自己快樂」、「與同輩多數人相比，我認為自己是快樂的」。同時也詢問了生命意義：「我大致上覺得自己生命有意義」、「考慮所有因素後，我覺得自己生命有意義」、「與同輩多數人相比，我的生命有意義」。（前面提過「快樂」一詞有誤導可能，所以這份調查稍有缺憾，我個人認為換成「愉悅」或更精準的用字會更好。）

在其他調查中，研究者詢問同一群人生活的各個面向，試圖瞭解什麼樣的生活會讓人自認過得快樂、有意義、快樂又有意義，或者不快樂也沒有意義。

從結果來看，個人生活的某些特質確實與快樂和意義產生關聯。如果自述為無趣的人，就較不可能生活快樂或有意義。同樣的，自述為缺乏社交連結，甚至孤獨的人，也與快樂或意義呈負相關。鮑梅斯特團隊最主要的發現是，快樂和意義兩者呈正相關：高快樂的人傾向自述為高意義；反之亦然。看來魚與熊掌可以兼得。

不過還是有一方高、另一方低的樣本，研究團隊找出某些有關快樂、無關意義，或有關意義、無關快樂的特徵。主要有四個差異：

一、健康、舒適、收入都與快樂有關，卻對意義沒有太大影響。
二、自述越常思考過去和未來的人，越傾向說生活有意義，卻也比較不快樂。
三、活得輕鬆和快樂是正相關；活得辛苦雖然較不快樂，卻與意義是正相關，但幅度小。覺得人生就是各種掙扎嗎？你可能比較不快樂，卻比較有可能在生命中找到意義。壓力大嗎？你會得到更多意義，但較少快樂。煩惱呢？一樣是更多意義較少快樂。這些結果呼應後面詳述的另一項研究：根據受訪者自述，從工作得到最多意義的族群，包括社工和神職人員，他們工作艱辛卻賺不到什麼錢，還要面對複雜緊張的場面。

四、研究團隊不加解釋直接問說：「你是施予者，還是接受者？」雖然關聯性不算大，卻能找到規律——前者意義多快樂少；後者快樂多意義少。

總結起來，快樂的人通常身體健康、財務狀況良好、生活中能享有許多愉悅。生命較有意義的人可能不具備上列條件，他們會給自己設下挑戰性高的目標，生活裡感受到較多焦慮和煩惱。在後續討論中，原團隊協同作者之一凱瑟琳・弗斯（Kathleen Vohs）指出：「結論顯示快樂就是尋找好的感受、避免壞的感受，盡量滿足欲望和需求。（原註47）相比之下，能預測生命意義的行為和感受多半與他人或事件結果相關，譬如爭吵、煩惱、壓力等等。」

接著看看另一種區別意義與快樂的方式。二〇〇七年蓋洛普民調做了一份生活滿意度標準問卷，請一百三十二個國家的十四萬位受訪者評估目前的生活狀態。（原註48）答案從零分（最糟糕）到十分（最理想）。但同時還有一個相關問題：「你是否認為自己的生活有重要的目標或意義？」

最快樂的國家不出所料仍是挪威、澳洲、加拿大等等，當地環境富裕、安全、和平且有良好的社會支持。這項調查一如既往發現生活滿意度與人均 GDP（國內生產總額）強烈相關。

但反過來，受訪者報告裡生命意義最高的國家卻包括獅子山、多哥、塞內加爾、厄瓜多、寮國、查德、安哥拉、古巴、科威特、阿拉伯聯合大公國，其中多數不富裕、不安全，甚至不和平。更進一步分析，GDP對於生命意義竟然是**負**相關，國家越窮，當地人反而越傾向表示自己的生命有重要目的或意義。

該如何解釋這種現象？受訪者還要回答一題，「宗教是否在你的日常生活中占有重要地位？」結果自陳的宗教虔誠的確和生命意義呈正相關。宗教參與也和貧困是正相關，因此能推論貧困和意義之間的間接關係。（原註49）

但也許貧困本身就能和意義產生更直接的連結。探討上面這些發現時，亞當．阿爾特（Adam Alter）認為，「或許貧窮剝奪人的短期快樂，迫使他們目光放長遠，更專注在親人、朋友和信仰，於是意義隨時間越來越深刻。」（原註50）換句話說，生活舒適較能夠避開辛勞，而事實若真的如我在後面幾章所主張，辛勞確實和意義相關，那麼富裕國家，尤其是福利優渥的國家，就會有生活較欠缺崇高意義的人民。

先前我對單純的享樂主義提出異議，然而上面這些文獻讓我們重新思考愉悅和快樂的價值。由此觀之，就算我們不支持享樂主義，至少不應該反對享樂主義，否則查德和挪威要怎麼選？你更想住在加拿大，還是獅子山？雖然未必有正確答案，但如果這就是快樂和意義的對照，我自己會選擇快樂。其實我打賭多數人，連查德和獅子山的許多民眾，都會與我站在同一邊。

即便如此，我還是認為魚與熊掌可以兼得。回想一下鮑梅斯特的研究，快樂和意義其實是正相關，有其一就更有機會得其二。更何況總不能說富裕國家的人都過得毫無意義，譬如日本與法國都是相對快樂且富有的社會，受訪者也高達三分之二都自認過得有意義。這不是能等閒視之的數字。

最後來一個禪機實驗：我人在電影院，等著要看《復仇者聯盟：終局之戰》。播映前有個銀行廣告，內容卻幾乎沒提到銀行，旁白講話時許多美麗影像閃過。回到家，我上 Google 查詢那些臺詞來源（感覺有股文學氣息，不像一般廣告文案的手筆），原來出自艾倫·瓦茨（Alan Watts），他是英國哲學家，詮釋佛教禪理十分出名。

瓦茨首先請我們想像：假如你想要夢什麼就能夠夢什麼，而且夢境栩栩如生（原註51），基於這種能力，你可以將一夜夢境持續七十五年之久。換作是你，會怎麼做？瓦茨認為答案顯而易見：滿足自己的願望、品嘗各式各樣的愉悅。十分享樂主義的風格。接著想像明天、後天、大後天，這份能力持續存在。瓦茨覺得大家很快就會對自己說：

> 來點驚喜吧，一個不受控制的夢，我無法預知即將發生在自己身上的事情。

然後我們就像賭博一樣，開始增加風險、波動、未知、匱乏，在前進的道路擺上障礙，有可能完全無法克服，直到最後，他說：

> 於是你在夢中想著的，就是此時此刻的生活。

現在這種有困難、有辛苦，還有煩惱及失落的日子，是否能算是生命最好的樣態？未必。不過瓦茨話語中深刻的禪機指引我們更接近生命的真相。

第二章

良性受虐癖

不可否認，痛苦能夠輕而易舉轉移我們的注意力焦點，對某些情況下的某些人而言利大於弊。

還記得你上次尖叫是什麼時候嗎？我的話，不過幾個月前而已。事情發生在孟買的旅館房間。一早收拾行李時，我拔起牆壁插座上的變壓器，是跟旅館租借的萬用型號，上頭每個面都有金屬凸起。我應該是拔的手勢不對，所以整個人彈了出去，背部撞到另一側的牆，不停喘氣發抖。後面會提到其實就算最正常的人也能從微弱的觸電感中得到病態的愉悅。但我那次體驗可不輕微，雖然就那麼一秒鐘，卻足以讓我理解電擊為何能用在酷刑拷問。

人疼痛時會驚聲尖叫。但奇怪的是，相反的情況，像是極度愉悅、驚喜、興奮的時候，我們一樣會尖叫。有看過六〇年代披頭四登臺的影片嗎？底下女歌迷扯開嗓子叫得都破音了。

哭泣也是。生活過得極慘或極好時我們都可能流淚，婚禮與喪禮是兩個極端，勝利的喜悅與失敗的挫折亦是如此。我有個朋友平日自認剛強，某一天他看到奧運廣告，內容是孩子跌倒時母親的反應，他居然眼眶就濕了（註解處有附上影片連結）。（原註1）其實我也鼻酸，不過很難以言語準確描述是被什麼觸動了心弦。

哭泣有很多神祕難解之處。我個人非常喜歡一本書叫做《繪畫與眼淚》（*Picture and Tears*），由藝評專家詹姆斯．艾金斯（James Elkins）介紹能催淚的畫作。（原註2）有些作品的畫面很慘烈，如果在現實生活目睹確實忍不住要哭，比方說兒童死亡的場景。還有一些是能勾起痛苦的聯想。艾金斯曾聽一位英語教授說他妻子外遇，而她最近畫了兩人的床，床上空著卻凌亂，某天教授獨自在家，他凝視這幅畫，思索背後的含義，潸然淚下。艾金斯也見過許多人因為覺得畫作美得難以置信而哭出來，他們被人類的超凡創作力給震懾了，心中湧出強烈的情感。

認真觀察會發現，這類矛盾無所不在。我們覺得有趣會笑，緊張或尷尬時也會笑。咧嘴有時候是因為快樂，有時候是生氣。微笑通常表達喜悅，可是研究者請受試者觀看電影中的悲傷橋段，（原註3）例如《鋼木蘭》（*Steel Magnolias*）裡一個女性角色在她成年女兒的葬禮上致辭，卻有約半數人都露出微笑。再想想人類高潮時的表情，面目猙獰乍看應該很痛苦，事實上若以照片形式呈現，觀看者有高達四分之一的機率會將高潮誤認為痛楚。（原註4）

一般而言，極端的情緒很難詮釋。《科學》期刊上有篇論文，作者以兩人為例，一人剛贏得高額樂透彩金，另一人才親眼目睹自己三歲孩子出車禍，但實驗發現僅從面部表情很難區別誰遇上什麼狀況。（原註5）作為佐證，他們也發現若僅僅觀察面部，人們很難分辨重大運動賽事中的贏家和輸家（有趣的是，只要看見肢體動作、確認選手回應的是什麼，就能化解曖昧並「看清」表情）。

換個角度，想想人們面對小嬰兒的反應。菲律賓人有個詞 *gigil* 用來描述這種情況：多數人看到可愛、脆弱的東西會出現一種高漲的情緒，想要輕輕捏捏他們。有些人會輕咬嬰兒，開玩笑說要吃掉他們。如果你朋友抱著一歲大的孩子，而你走過去抓起嬰兒的腳趾輕輕咬一下，低聲說：「我要把你吃了！」沒有人會覺得你是神經病，連嬰孩都不覺得。奧莉安娜．亞拉岡（Oriana Aragón）的團隊做過調查，大部分人同意下面這些敘述：（原註6）

抱著可愛的小嬰兒，我會想要捏捏他的小胖腿。
看著超可愛的嬰兒，我會忍不住捏捏他的臉。
看見可愛的東西，我會下意識握拳。
我會擠眉弄眼對可愛的孩子說：「我要把你吃掉！」

亞拉岡團隊提出理論，認為當人類的情緒難以克制時，就會出現這種奇特的反應，面對披頭四、藝術巨作或小嬰兒都是例子。我們的身體想要維護系統穩定，於是以相反的表情或動作抵消衝擊。這種情況可以用眼見火勢失控就潑冷水來比喻。研究情緒高潮的表情時，學者也提出類似觀點，認為會出現那種表情是想要抑制「過分強烈的感官輸入」。

無論是以負面平衡正面或以正面平衡負面，相同機制在更廣的層次依舊存在。它能夠解釋我們怎麼安排日常生活。通常每天都有輕鬆和不輕鬆的活動，而且我們在一定程度上能夠自己做選擇，譬如何時與朋友出門、何時清理貓砂等等。針對人類如何就好與壞做調配，研究者利用手機軟體即時評估了兩萬八千人的情緒與活動，為期長達一個月。他們根據結果推論出所謂「享樂彈性法則」（原註7），也就是人不開心的時候就會想做能讓自己開心的事情，如運動；開心時則會去做無法帶來愉悅卻又必須處理的事，如家務。透過這樣的安排，正面和負面達成平衡。

自願受苦和受虐

「受虐癖」（masochism）這個詞是十九世紀末的精神科醫師理察・克拉夫特・埃賓（Richard von Krafft-Ebing）所發明的。其語源來自利奧波德・薩克・馬索克（Leopold von Sacher-Masoch）[1]，他著有《穿裘皮的維納斯》（*Venus in Furs*），小說內容敘述男子說服一名地位較高的女性當自己的主人，後來這名女子卻又拋棄他去當了另一個男子的奴隸。埃賓以受虐癖指稱性慾異常，這種人的性幻想主題是「完全且無條件臣服於某個異性的支配，以對方為主人，接受其羞辱和虐待」。（原註8）

儘管「受虐癖」一詞保有與性相關的連結與聯想，然而它的指涉範疇快速擴大。一九二四年，佛洛伊德寫下〈受虐的經濟學問題〉（The Economic Problem of Masochism）這篇論文，不僅講了性行為的受虐，還提到道德上的受虐，也就是有些人主動尋求受苦為的是減輕內心的罪惡感；（原註9）之後我會再詳述這個現象。更近期則有心理學者保羅・羅津（Paul Rozin）提出「良性受虐癖」（benign masochism）（原註10）一詞，意指某些特定類型的自願受苦和疼痛，絕大多數與性根本沒有關聯。

良性受虐癖並非無所不包，例如它無涉生兒育女這種艱辛歲月的追求，也與殘害身體、製造劇痛的活動無關——否則就無法稱之為良性。某些菲律賓虔誠教徒的復活節儀式是將自己釘上十字架，這可無法列入良性受虐。我們通常會以三溫暖當

1 譯按：源於其姓氏。

作例子，有痛苦的部分卻又很享受，但同樣不能過頭。二〇一〇年的三溫暖世界錦標賽中，兩名決賽選手進入華氏兩百三十度（攝氏一百一十度）的高溫六分鐘後雙雙昏迷，遭受嚴重灼傷和創傷；（原註11）後來一人死亡，另一人持續接受藥物治療，失去意識長達六週後醒來傷勢依舊嚴重。這種同樣不能當作良性受虐的範例。

所謂良性受虐是指一般認為痛苦但不致傷殘的行為選擇，比方說明知道食物腐爛了還是想要嗅嗅看，蛀牙痠疼偏要用舌尖去頂一頂，腳踝扭傷硬要轉動之類。讓人嚇得半死或哭得半死的電影還是很多人看，辣的菜餚很多人愛，還有人洗澡會用很燙的水。許多心理學家做實驗時使用不傷人但會痛的電流，妙的是不需要花大錢找樣本，不少人主動想嘗試被電擊的感覺，特別是年輕族群，最明顯是年輕男性。當然那不像我在孟買經歷的那麼慘，但還是會痛，不過他們追求的似乎就是痛。

回到本章一開始提及的例子，現在我們有更多線索了。看見披頭四的尖叫、迎接新生兒的哭泣明顯都是正負情緒交雜，而古人已經觀察到這個現象。柏拉圖描述蘇格拉底揉著正在痛的腿說：「人類稱之為愉悅的這玩意兒真奇怪！為什麼它會和相反的疼痛連在一起呢？……通常如果你追求其一，得到以後，幾乎注定連另一邊也得帶走。」現代許多心理學家針對人類的體驗提出了「對立歷程」（**opponent-**

process）（原註12）理論，也就是心靈追求平衡，以正面反應抵消負面感受，反之亦然。譬如我們對跳傘感到恐懼，但事後會放鬆並充滿成就感。

事實上，人類必須透過對比才能理解各種體驗並賦予價值。「你感覺如何？」這種問題要得到有意義的答案，前提是「與什麼比較？」如果體驗一成不變就不再能稱作體驗。我們會在習慣中麻木，就像菜餚的香味、泳池的清涼、冷氣機發出的嗡嗡聲，時間一久就在意識中消散。

就連觀看世界這樣基本的行為也牽涉到對比。做個小實驗：讀完這句話之後，找個東西注視十秒鐘，可以是這本書、筆電、你的菸，或者睡在腳邊的忠實狗兒。一切似乎都是靜止的，但這只是假象，你的眼球一直進行著極細微的轉動（稱作微跳視）。現代科技可以利用機器追蹤眼球運動，並投射出影像固定在視網膜上。（原註13）若有機會參與這種實驗，才真正能體會什麼叫做眼睛不動看東西，也就是真正的靜止。但那是什麼感覺？其實就是空無一物——眼前的景象會徹底**消失**，因為體驗必須來自改變。

人類能回應的是差異，而非絕對；換言之，某些事物帶來愉悅並非基於獨立的特性，而是與先前的體驗比較後的結果。有位神經科學家這樣說：「由於大腦用一條曲線來評分，不斷拿現在和過去做比對，所以快樂的祕密或許存在於不快樂之中……短暫的寒冷使我們可以感受到溫暖，有過飢餓才懂得飽足的幸福，跌入過絕望低谷才能在功成名就時展翅飛翔。」（原註14）

還覺得模糊的話，我的同事勞勃．拉特利奇（Robb Rutledge）進行團隊研究，在實驗室內請受試者做出一連串財務選擇，有些穩健、有些高風險。每隔幾題，他們就詢問受試者：「你現在心情多快樂？」結果最能預測短期快樂的變因並非受試者賺到多少錢，而是賺到的金額相對於自身預期的差距。（原註15）短期的愉悅和痛苦至少有一部分是比較出來的。

所以良性受虐癖也可以說是人偶爾利用痛楚來強化之後的體驗，藉此增加得到的愉悅。我們操作體驗，使得痛苦過後所得到的釋放強烈到足以蓋過原本的難受。熱水澡一開始雖然燙，但水溫正確的話後來彷彿身處天堂；咖哩很辣，吞下冰啤酒之後卻顯得無比美味。

透過對比增加愉悅有時候是和實際的經驗相比，有時候則與期望有關，如同拉特利奇的實驗所示。希莉．萊克尼斯（Siri Leknes）團隊針對所謂的「愉悅的痛苦」（原註16）也發表過一系列研究，實驗方式是讓受試者接上腦部掃描儀器，並置於輕微、強烈、中等之類不同程度的熱度體驗。實驗前會告知受試者即將體驗到什麼，然而有時候提示故意不正確。他們最大的發現是：一般狀況下，中間程度的熱就被判斷為不適，可是若事先警告受試者會有高溫時，情況就反過來了——他們竟然回報說那是**舒適**的溫度。

理所當然會有人擔心這只是語言上的誤會，他們說的「舒適」或許只是想表達「比預期來得好」。不過這就是運用腦部掃描機器的原因：萊克尼斯團隊發現在「愉悅的痛苦」發生期間，對應獎勵和價值的大腦區塊活動增加（內側眶額皮質與腹內側前額葉皮質），對應痛苦焦慮的部分活動減少（腦島皮質及前扣帶皮層背部）。由此推論，應當是發自內心的正向體驗。

也就是說，當我們擔心接下來會很痛，但結果只是一點點痛，對比的神奇力量會將微痛變作愉悅。不過我還是想提醒：要是痛覺過分強烈，這種對比作用就無效。原本你以為會被焊槍燒手背，結果人家改用菸頭燙下去，這時候你尖叫出聲絕對不是因為舒爽。但根據實驗結論判斷，痛感是會減少一些。

還有其他實驗發現：受試者在實驗室內經歷了痛苦，例如雙手泡在很冰的水裡，後來的其他體驗會變得更加愉悅，例如吃巧克力。（原註17）所以，你想吃蛋糕嗎？不如我先電你幾下，這樣味道會更棒！實驗或許有點古怪，主軸倒是個熟悉的概念：大家都知道肚子一餓東西就美味，長跑之後躺上沙發特別舒服，走出牙醫診所時人生會整個亮起來。

上面就是人類選擇體驗痛苦的對立歷程理論。有個老笑話說，一個男人拚命用頭撞牆，別人問他為什麼，他竟然回答：「這樣停下來的時候會很舒服。」

我還記得小時候在魁北克鏟雪的經驗，內容並非過程多麼辛勞（畢竟還是小孩子），而是臉沒遮掩的地方凍傷、霜雪跑進靴子裡融化的不適，忙完之後母親給我喝熱可可，喝完再鑽進浴缸泡溫水，感覺真是人間一大享受。朋友跟我說了個故事，她與旅伴在英國鄉下地方騎單車，迷路好幾個鐘頭，身上沒有足夠的食物與清水，天色越來越暗，兩人不由得擔心……接著找到一條伐木產業道路，順著返回小鎮，找到一家酒館，坐在昏暗的戶外座位，喝著啤酒、吃炸魚配薯條，抽了幾根菸，說說笑笑。講起這段往事她情緒高亢、眼睛發亮，前面受了那段罪，後來的一切更顯美好。

先苦後甘與先甘後苦

主動體驗痛苦以強化後續的愉悅雖然能夠成立，但也有條件，就是分量必須拿捏得當。手燙到以後沖冰水會感覺舒緩，但如果真的去碰烤過的平底鍋把手，恐怕仍是弊大於利。沒有人會因為停下來舒服就一直用頭撞牆，或為了體驗自由解放而每天找牙醫師報到。七歲大的我體會過鏟雪之後的種種溫暖，但要是因此整天對爸媽嚷嚷要去找雪堆，他們肯定會帶我看心理醫生。

能從痛苦中得到愉悅的場合其實算少。這也很合理，邊沁與達爾文都曾指出：痛覺促使我們做出特定反應。碰到滾燙的東西會覺得痛，因為高溫損傷肉體，最後危害到生存與繁殖。疼痛的意義在於逼我們縮手、厭惡、跑向水槽沖水，思考以後如何避免同樣的狀況……下次就會記得別隨便亂摸鍋子。倘若我們能夠覆寫這個機制，也就是心智可以透過某種強大的對比將痛苦轉換為愉悅，那麼這些反應就會隨之消失，接下來雖然時時體驗愉悅，恐怕難以長期維繫生命。說白一點，若痛苦消失後的愉悅就足以讓自殘變成正面體驗，人類想傷害自己有太多方法，時間全部耗在上面就好，最後可能連青春期都撐不到。

同樣道理也適用在心理層面的痛苦折磨上。羞愧、寂寞、後悔、罪惡等等感受之所以存在，目的是要讓人在可預期的範圍內避免某些行為（「說出這句話心情會很糟，所以最好別說」），或學到跨過某些界線的代價（「剛剛好慘，下次不能再這樣了」）。假如有人的心智運作方式不同，譬如病態地從親友的死亡中得到愉悅、喜歡遭受社會孤立、沉浸在期盼災難降臨的焦慮中，如此一來，他們的生活會因為偏差的行為誘因而徹底崩潰。

由此可見良性受虐癖要能夠成立，必須先滿足一些前提：痛苦必須相對短暫且消失迅速，才有足夠的空間與愉悅做對比。此外，造成的傷害也不能太嚴重。基於這些條件才能進行對比，所以我們解開了良性受虐癖的一部分謎團，明白為何有人洗澡水放得特別燙、為何有人吃得特別辣。

良性受虐癖能夠成立還得益於人類詮釋自身體驗的特殊習性，前章提到的丹尼爾・康納曼團隊進行快樂研究時順帶發現了這個現象。（原註18）想像音樂愛好者坐著聆聽交響樂，度過一小時美好時光，接著唱片忽然出了問題，最後三十秒出現刺耳的破音。雖然主觀體驗理論上應該都很棒，但這位愛好者可能會說好好的音樂都給毀了。具體數字上，假設整個演奏持續一個鐘頭，除了結尾全部都是滿分十分，只有最後三十秒很糟糕得了零分。超過百分之九十九都很棒，完整體驗平均下來依舊接近完美，可是當事人卻不這麼想，腦子只記得最後可恨的噪音。

如果情況顛倒，一開始就是刺耳噪音且持續長達五十九分鐘，僅僅最後三十秒傳出天籟，當事人反而不會那樣嫌棄。派對的情況也類似，前面都很好卻以尷尬收尾的話，比起一開始就尷尬但漸入佳境更糟糕。顯然人類回顧事件時並不專注在體驗的總和，反而會給事件結尾較高的權重。

於是又有人做了實驗，請受試者雙手浸在冰水裡，時間不等，之後要他們決定第三次測試怎麼進行——由此可得知什麼做法的痛苦比較低。測試方式有：

A. 六十秒中等程度的痛苦
B. 六十秒中等程度的痛苦，接著三十秒溫度稍提高（還是不舒服但相對好些）

選擇何者比較合理？理所當然是A，選A的**痛苦總和比較少**。問題是受試者傾向B，恐怕原因就出在B用「沒那麼糟糕」的方式收尾。要理解這種現象怪在哪裡，可以想像去看牙醫。（原註19）（康納曼進行過真實世界的研究，對象是做大腸鏡的病人，那個年代的檢查過程很辛苦。）你躺在椅子上經歷了半小時極度疼痛的治療：張大嘴巴、緊抓扶手、渾身冒汗。牙醫說：「好，做完了。」結果你居然回答：「幫個忙好嗎？這樣就走體驗太差了，能不能多給我五分鐘不那麼痛的治療？」

這不是太莫名其妙了嗎？不過這也透露出人對體驗的記憶與體驗本身並不一致，兩者將我們推向不同方向。

人類很幸運，先苦後甘的事件回憶起來比先甘後苦要令人舒服。於是即使痛苦獨立出來看會大於愉悅，只要痛苦在前面，記憶就會被扭曲，降低痛苦而增加愉悅，整體經驗因此得到提升。像我小時候鏟雪那件事，如果熱水澡擺在前面，體驗就不會那樣正面。

讀到這兒，有些人心中可能會冒出反對的聲音。截止目前為止，討論良性受虐癖時所說的痛苦儘管還是痛苦，但都是熟悉且習慣的感受，只是為了後面的愉悅才去體驗，就好比工作不愉快卻能夠賺錢買東西讓自己愉快。行為經濟學家喬治・安斯利說過：「投資負面體驗以刷新正面體驗。」（原註20）

然而這些未必符合讀者個人經驗。或許有些人真的喜歡先苦後甘之中苦的那部分，例如真的喜歡辣、真的喜歡浸入冰水的那股寒冷、真的喜歡愛黛兒的歌裡的哀傷情懷。對這樣的人而言，負面體驗並非代價，本身就值得追求。

如何解釋這個現象？一個可能是期望。或許感受高熱蒸汽的不適時，心裡已經開始想像跳進芬蘭冰湖的沁涼清新，所以痛苦之中夾雜了享受。先苦後甘（而非先甘後苦）的正面特徵之一，就是人類明明在受苦，卻能徜徉於後續愉悅的想像中。

還有一種情況之後會有更多探討。以典型的復仇電影為例，結構上通常主角最初生活寧靜（《捍衛任務》裡，約翰．維克喪妻後因為米格魯「黛西」而獲得撫慰）（原註21），後來遭遇惡勢力襲擊粉碎了低調的生活（巧遇俄國黑幫，對方闖入家中打暈主角，還殺了狗兒），於是主角準備大殺四方替天行道（傳奇殺手退休後重返戰場，「無所畏懼的約翰．維克槓上整個黑幫，一心報仇雪恨」）。小狗慘死的畫面令人不忍卒睹，但觀眾都知道這是怎樣一部片，對黑幫人渣自作孽不可活的各種橋段滿心期待，那股興奮也就沖淡了感慨。

我不認為期望就是完整的解釋。除了投資未來的愉悅，還有別的理由吸引人類選擇受苦，比方說實現道德或崇高理念，還有享受主宰的感覺——在逆境中保持自律、掌控感並有所成就，能夠帶來滿足感。這些都會在後面章節詳述。

控制與合意

關於對比我已經說了很多，現在進入下一個主題。痛苦之所以有價值，在於能夠讓我們的心智聚焦。無論生理痛楚或心理上的負面感受如恐懼、噁心等等，都能吸引我們的注意。山繆・約翰遜（Samuel Johnson）說過：「如果人知道自己再過兩週就要被吊死，自然而然全副注意力都會放在這件事上。」

約十年前，溫弗里德・曼寧豪斯（Winfried Menninghaus）團隊提出一個論點：某些藝術作品包含醜的元素，譬如法蘭西斯・培根（Francis Bacon）[2]或盧西安・佛洛伊德（Lucian Freud）[3]的創作都很古怪，它們其實就是靠那股不適的悸動捕捉大眾視線，於是從眾多藝術品中脫穎而出。（原註22）電影中十分具有震懾效果的暴力場景也是同樣道理。

人的注意力被負面事物吸引是一種特殊的獎勵方式。研究良性受虐癖的心理學家喜歡引用一位女性施虐者的說法：「鞭子是叫人過來的好辦法。他們眼睛離不開它，心裡裝不下別的東西。」（原註23）同意這個觀點的十三世紀蘇菲派神祕學導師魯米（Rumi）問道：「疼痛介入以後，冷漠何處容身？」（他在別的著作裡直接

2 譯按：同名哲學家的後代子孫，愛爾蘭藝術家，作品風格粗獷、犀利，以暴力和惡夢般的意象聞名。

3 譯按：心理學家佛洛伊德的孫子。

說：「追求痛苦！追求痛苦，痛苦，痛苦！」）痛苦的吸引力在於它會拉扯意識，我們無法維持原本的思考，反而也就緩和了焦慮。從這個角度來看，突兀且銳利的痛楚確實很像其反面——性高潮。

甚至有人認為痛苦可以暫時性消除自我意識。聽起來很可怕，又或者有點愚蠢，但如果想要理解這句話的具體意義，應該關注特定形式的自願疼痛，也就是BDSM[4]。

羅伊．鮑梅斯特認為人類展現性方面的受虐癖時，「具有象徵性、基模性及選擇能力的自我意識遭到移除，由低層次肉體的自我取而代之。」（原註24）在他看來，性受虐和極度疲累的運動或者喝醉酒是同一類行為。

人為什麼想要逃離自我？鮑梅斯特提出一點：自我意識其實是個重擔。日常生活裡，我們必須為自己做的決定負責，而這些決定常造成別人失望。此外，我們得戴上面具面對他人，還要控制欲望，處理失落感、罪惡感、羞恥感等等。我們受困於過去的記憶、未來的憂煩，並且對當下感到焦慮，內心反覆的獨白早已淪為不間斷的牢騷。不難想見我們為何受不了自己，令人失望的不是肉體（雖然也可能發生），而是難以承受的自我意識。掉進這種痛苦折磨裡，經典的分手臺詞就相當實

4　譯按：綁縛與調教（Bondage & Discipline）、支配與臣服（Dominance & Submission）、施虐與受虐（Sadism & Masochism）。

在：「不是你的問題，是我自己的問題。」

而沉浸在某些活動中之所以有樂趣，例如操練身體、複雜的拼圖，又或者是被人鞭打，原因就在於我們能夠不再意識到自己。你就**只是**你而已。常有人說冥想打坐以進入這種狀態為終極目標，可是像我這種初入門的人，冥想會帶來反效果，困在腦袋裡無法轉移焦點是一種悲慘體驗，「我」這個概念有時候太過喧囂。相反的，第一次以巴西柔術與人對滾（過招練習）之後，我察覺那段期間心中毫無雜念，對自己的執著消失無蹤，覺得身心舒暢。甚至有回我在紐哈芬市遭人搶劫，當然這種體驗不值得推薦，但事後回想起來，我發現被搶時心靈專注於當下，不會到處遊蕩。所以現在每當我需要消解過多的自我意識時，我採取的方式不是冥想，而是聽 podcast——別人的話語傳到耳邊，思緒會不由自主跟過去，慢慢遠離腦海裡反覆喊著「我、我、我」的那個聲音。

我們可以從這一點回頭理解痛苦。與冥想相比，痛苦有一項好處：冥想時正念定心都得自己來，痛苦卻能幫我們跳過這些麻煩的步驟。既然 podcast 可以分散注意力，試試鞭子如何？我當然知道被抽鞭子有多痛，如果可以我也覺得不要會更好，畢竟我是拔牙一定得打麻醉的那種人——但不可否認，痛苦能夠輕而易舉轉移我們的注意力焦點，對某些情況下的某些人而言利大於弊。

我也很清楚此處討論的行為，也就是施加肉體疼痛、精神羞辱和奴役，若易時易地會是人類最惡劣的行為。伊蓮・史蓋瑞（Elaine Scarry）在《痛苦的肉體》（*The Body in Pain*）一書中探討酷刑時，提出與鮑梅斯特相同的論點：痛楚能摧毀自我意識和意義。只不過史蓋瑞描述的情境可怕太多。（原註25）

那麼酷刑與受虐癖如何區分？首先，在酷刑中，人受到的暴力強度可以無限上綱。這還不是關鍵，最大的分別在於選擇。被施以酷刑的人沒有所謂的安全暗號（safe word）[5]能制止對方。在暫時、自願、可控制的情境中，抹去自我有機會成為幸福的源頭；但當另一個人無視你的意願強制執行則無比殘酷。

「可控制」這一點時常遭到忽略。外傳美軍曾在關塔那摩灣要求囚犯每天罰站好幾個小時，而當有人針對此事詢問美國國防部長唐納德・倫斯斐（Donald Rumsfeld），他的回應竟是自己每天大半時間都站著（他確實連辦公桌都採用站立設計），罰站能有多糟糕？大約同期，美軍虐囚事件層出不窮，包括克里斯多福・希鈞斯（Christopher Hitchens）在內的一群記者為了新聞報導，決定親自體驗坐水凳的感覺。此種冒險之舉既本著好奇心也是出於道德考量，我雖然不覺得是白費工

5 譯按：當代性愉虐文化建議參與者事前設立暗號，受虐方認為承受不了時說出暗號即立刻停止活動。

夫，但仍舊認為本質上與真正的刑罰難以相提並論。生理上，溺水感十分可怕沒錯，但坐水凳之類酷刑之所以殘酷，很大一部分在於心理：無論被虐者如何哀求，用刑者都不會住手。控制與合意在道德層面是先決條件，劃分出體驗好壞的天壤之別。（原註26）

自我懲罰的行為

我在本書中將 BDSM 視為正常慾望的正常表達形式。這正確嗎？

佛洛伊德認為非性慾的某些受虐癖很正常，但他同時主張性層面的受虐癖代表心理疾病（或變態，他是這麼說的），參與這類活動的人其實是將施虐癖發揮在自己身上。後來精神分析學派將受虐癖連結到很多領域，從犯罪、癲癇、少年愛到戀屍癖和吸血這種東西都有。甚至有位學者表示在那些族群身邊彷彿「身處地獄」。（原註27）

若能更瞭解 BDSM 族群會更好，可惜優秀的研究少見，數據也不夠一致。某項電話調查詢問受訪者是否在過去一年內參與過 BDSM 的活動，僅百分之一點三的受訪女性、百分之二點二的受訪男性給予正面回應，比例非常低。(原註28)然而，二〇一五年另一項研究將問題改為性幻想，六成五的受訪女性與五成三的受訪男性回答想過在性愛中扮演臣服方；四成七的女性與六成男性幻想過扮演支配方。(原註29)底下其實應該能繼續細分，最低是完全沒有，略高一些是言語羞辱，再來是輕度的捆縛扮演，然後是（合意下的）窒息、摑臀、扯髮，更進階則有密室、鞭打、火烤，應該還有很多花招。

重點在於若 BDSM 是一種疾病，應該能連結到其他心理問題，而目前看來並非如此。參與者的憂鬱程度可能低於平均，通常性格外向、認真生活、比較快樂，而且理所當然屬於較不排斥新鮮體驗的類型。(原註30)唯一能和 BDSM 放在一塊兒的負面特徵，是參與者通常自戀程度較高，親和度比未參與的人來得低。

最輕微的 BDSM 形式是根本不去實際體驗，單純幻想而已。《格雷的五十道陰影》（*Fifty Shades of Grey*）(原註31)裡的兩位主角分別是年輕美麗卻又非常單純的女學生安娜塔希婭．史迪爾，以及英俊多金且早已不再單純的克里斯欽．格雷。男主角帶領女主角進入 BDSM 的世界，小說是這麼敘述的：「兩人攜手探索克里斯欽的黑暗過往，揭露深沉的祕密和火熱的性愛。」市場反應非常好，是二〇一〇年代的暢銷榜冠軍。第二名是誰？它的續集《格雷的五十道陰影：束縛》（*Fifty Shades Darker*）。第三名？完結篇《格雷的五十道陰影：自由》（*Fifty Shades Freed*）。後來改編電影版，票房也相當出色。

這部作品將讀者放在女主角安娜塔希婭的位置上。小說和電影獲得如此迴響，佛洛伊德一定很高興，因為他始終認為受虐是女性人格的一部分，是女性真正想要的東西。部分評論者如凱蒂．洛芙（Katie Roiphe）則認為格雷系列具有獨特的魅力，原因或許是故事內容呈現出女性擁有更多機會，反映現代社會的樣貌。「但為什麼自由意志會是一種負擔，尤其對女性而言？為什麼採取被動姿態來思考會吸引人？為什麼臣服或扮演臣服者會有趣？或許握有權力並不總是舒適，對生來就有權力的人依舊如此。或許我們只想在特定的時間、空間、場域中追求平等。或許權力和命令他人是無聊的事。」（原註32）

這個論點很有趣，而且呼應了鮑梅斯特所謂的逃離自我。然而這類型的社會學評論通常有個問題在於缺乏資料佐證。根據洛芙的說法，《格雷的五十道陰影》之所以成功似乎和時代有關（上面那段話發表於二〇一二年），可是她無法證明該系列作品若放到五十年前或一百年前，引發的熱潮注定小得多，即使當時女性自由受到諸多限制。

再者，洛芙那篇評論從女性的慾望出發，可是男性世界也有類似的幻想。我很好奇《格雷的五十道陰影》這種題材如果性別逆轉會得到怎樣的市場反應——年輕且未經世事的英俊男性遇上稍微年長、事業有成的女性後被對方征服，成為她的性奴隸。也許這位女主人是 Google 高層也說不定！這樣的小說能和《格雷的五十道陰影》一樣暢銷嗎？會不會有個尚未開發的男性客層存在？要是有讀者決定動筆然後成為暢銷作家，可別忘記原始靈感出自本書。

雖然前面段落將 BDSM 當作正常慾望呈現，並不代表每個人都該嘗試，或者不這麼做的人就不健康。就像吃辣很正常沒錯，但有人不吃辣同樣很正常。問題在於並非所有自願選擇的痛苦都健康；某些有害的行為與 BDSM 乍看相似，卻不該將兩者相提並論。

其中之一是自殘，專業上稱之為「非自殺性自殘」（NSSI, non-suicidal self-injury）。（原註33）自殘者刻意傷害身體（不同於只是製造短暫的疼痛）卻沒有致命的意圖。這種情況通常從青少年時期開始，回報有過自殘行為的青少年介於百分之十三到四十五之間。（與其他調查一樣，統計數據會根據問題和樣本族群而變動。）

典型的自殘是以利器切割，主要針對手臂、腿、腹部，其他還有搔抓、燒灼，或者以安全別針之類物體刺入皮膚。除此之外，也有較極端的手法。阿曼多・費瓦札（Armando Favazza）在《遭受圍攻的身體》（*Bodies under Siege*）書中談了截指、挖眼和搗碎睪丸，中間幾個章節標題分別是「頭和上面的器官」、「四肢」、「皮膚」、「生殖器」（而且裡面有很多照片）。（原註34）聖經故事裡，被魔鬼附身的人會「一邊哭喊，一邊拿石頭割傷自己」，要靠耶穌驅魔才能得到治癒。（原註35）

雖然和 BDSM 一樣都是自願選擇痛苦，非自殺性自殘的特點是單獨進行、不涉及性，而且是生活遭遇嚴重問題時會出現的反應，所以目的並非追求愉悅。人通常是經歷強烈的自我厭惡、受到心理創傷後，才會出現自殘行為。一項針對住院病患的研究發現，自殘是一種十分迅速的心智過程，做出決定的幾秒內就會付諸實行，事發當下行為者多半沒有濫用藥物或酒精，而且神智清楚。（原註36）

我將自殘描述為痛苦，畢竟正常情況下人被割、被燒或因其他方式受創就是會痛，但奇怪的是自殘者表示他們在行動中僅感受到很微量的痛楚，甚至沒有痛苦。也有多次實驗室研究發現，自殘者的疼痛敏感度低於平均；他們反應某個體驗帶來疼痛需要的時間較久，對痛楚的承受力也較高。一個可能是會拿利刃割自己的人天生不怕痛，所以才會受到自殘這種行為吸引；另一個可能則是他們反覆自殘，過程中訓練出對疼痛的忍耐力。因和果有時候不容易區分。

他們為何這麼做？一個答案是：這麼做能讓他們舒服些。某位受訪女士這樣解釋：「憤怒和苦痛隨著血液流進水管而消逝。」（原註37）自殘可以分散注意力，讓人逃脫自我，與上面敘述的 BDSM 類似。臨床上想矯正自殘行為，有種做法是以傷害較輕微的行為取代，例如抓住冰塊、以橡皮筋彈手腕等等。

另一種可能性是：非自殺性自殘的動機常常是自我懲罰，覺得自己犯錯了想要引以為戒。他們會在皮膚上刻下「輸家」、「恥辱」這類字樣，若詢問緣由，他們會解釋說是生自己的氣，想要處罰自己。當事人的答案自然值得參考。

現代社會裡，自我懲罰並非常態，即使我狠狠傷了某人且無法彌補，我也不會找個好友請對方掌摑自己。然而換作道德思想特別嚴謹的時空環境，情況則不同。歷史學家齊斯．霍普金斯（Keith Hopkins）轉述了公元二世紀醫師蓋倫（Galen）講過的故事：蓋倫有個朋友的僕人犯下小錯，那位朋友盛怒之下持刀毆打僕人至瀕死。古羅馬律法容許處罰僕役，但手段不得逾越限界，尤其殺人依舊是殺人。幸好蓋倫妙手回春將僕人的命救回來，事情才沒有鬧大。不過事後，「蓋倫的朋友心中懊悔不已，才過了一天就帶蓋倫找了間空屋，脫下全身衣物並遞給他一條鞭子，跪在地上請蓋倫鞭打。蓋倫越是找藉口推託，那位朋友反而越堅持。」(原註38)最後蓋倫不得已只好動手，但請朋友先聽訓，由他闡述了一番自制是種美德、如何以暴力之外的手段指揮僕役等等。

多年前在埃及，我在商家花了太多錢購買藝品，結帳後與老闆聊天喝茶便問起對方：撇開我的話，從遊客身上賺最多錢的一次究竟賺了多少。老闆說曾經有位歐洲老婦人到店內，她真的完全不懂那類東西的價格，竟然聽信老闆的話術花大錢買下一條地毯，金額是正常人能接受的十倍以上。可是後來老闆自己心裡覺得不好過，隔天完全沒胃口，只有喝水和吃鹽巴。

實驗室內也能觀察到這種自我懲罰的行為。(原註39)一項研究請受試者回想曾以不道德手段排擠他人的經驗，後續活動則是將雙手放進冰水桶內承受痛楚，越久越好。（心理學家很愛這樣的設計，會帶來不舒服但又沒有永久的副作用。）相較罪惡感未受激發的對照組，曾排擠別人的受試者會將手放入桶裡更久，還表示因此覺得舒坦些。另一項研究請受試者寫下令自己「罪惡感最為強烈」的經驗，接著請他們接受電擊，但自行調整次數。（原註40）結果相同，相較於對照組，被勾起罪惡感的人會電擊自己更多次，電擊越強消除的罪惡感越多。

什麼東西無法轉化為愉悅

尋求短期痛苦的另一個理由是釋放訊號。埃及老闆為什麼講自己的醜事給我聽？要留下好印象，引誘我再多買些？（我現在這樣認真當回事，或許已經中了他的計？）又或者他沒騙人，事情真的發生過，但他有意無意犧牲的目的在於彰顯自己是個好人。

借鑑自動物研究和演化心理學，一派學者認為人類諸多的反應、品味、行為是為了宣傳自我、建立良好形象。我選擇受苦，你們看到我的選擇，應該要給我更好的評價。（原註41）此時痛苦的愉悅來自社會層面。

我們會宣傳自己的什麼特質？各式各樣。堅強是其一，亦即承受痛苦與辛勞，甚至主動追求痛苦的能力，我們藉此彰顯自己的生理與心理有多堅毅。至少，原本動機大概是如此。以前我腿受傷而進行麻煩的物理治療時，曾對治療師說了句：

「應該大部分人做到這邊都覺得太痛而停下來了吧？」她笑了笑回答：「沒有喔，不過很多男士對我說過這句話。」這種自己選擇的痛苦未必有多慘烈。先前我在podcast上聊到痛苦這個話題，伊利諾大學研究生佛南多・桑謝・赫南迪茲（Fernando Sánchez Hernández）寫信告訴我，墨西哥夜生活有種遊戲叫「觸電」（toques），玩的人伸手握住金屬棒接受電擊，看看自己能忍多久。[原註42]大家覺得有趣，親朋好友以此競賽取樂。

或許自殘行為具有類似訊號的作用。除了之前提過的理由，自殘可能是表達了求助、困境，所以有人很生動地將自殘形容為「鮮紅色的尖叫」。[原註43]

此種理論的版本之一是由艾德・海根（Ed Hagen）的團隊提出，他們將自殘視為高代價訊號。[原註44]訊號對生物而言很有價值，透過訊號可以傳達自己的狀態，例如多強大、多聰明、多危險等等。然而多數類型的訊號有個缺陷是任何個體都能發送，分辨真假並不容易。解決辦法是提高訊號的代價——有些訊號需要足夠的資源或動機才能傳送出去。

試想：無論基於什麼理由，若你希望其他人將自己視為富豪，你可以直接說「你好，我是百萬富翁」。但這麼做會出現兩個問題。首先，雖然你希望對方知道自己有錢，但你可能並不希望對方察覺你是刻意告知的。再者，窮人也能吹牛，因此別人會半信半疑。這時需要一個特殊形式，透過看似無意的舉動展示財力（乍看之下不像是故意炫耀），而且只有真富豪做得到。

標準做法就是在身上展示高價物品，比如勞力士名錶。這種做法一次解決兩個問題：別人無法確定你戴錶是否為了展示財力（或許你正好喜歡這品牌）；更重要的是窮人戴不起，是有錢人的特權。於是有些人主張奢侈品的售價建立在訊號上，勞力士真的大降價反而不會有人買。（原註45）

所謂的菁英貴族學校為何教授拉丁語、希臘語，甚至梵語？少數人主張說是知識無價，但研究訊號理論的專家則說**不重要**的其實最重要。兒女花費寶貴時間鑽研沒有實用價值的知識，就是向世界宣告自己已經擺脫物質匱乏——窮人家孩子得養活自己，學習所謂有用的技藝是迫不得已。同樣的，許多兄弟會、菁英軍事單位，以至於黑幫都會欺負新人。為什麼？新人的待遇就是一種高成本的訊號，象徵組織給予的利益。只是按讚或五美元的入會費人人付得起，無法達到去蕪存菁的效果。反之，受苦受辱，甚至失去肢體，對新人而言代價極高，唯有真正志在此處者才忍得下去。宗教儀式亦同理，一個男性願意讓自己以及剛出生的兒子行割禮，背後要有多強大的信念支撐——尤其麻醉尚未發明的年代，只能說這麼做的信念**非常**強大。

再想想，當你需要幫助、支援、被愛的時候，要如何告訴他人？假如周遭的人都對你有愛，你只要開口即可。不然哭泣是最普遍的求助信號。在特定的關係中，光是一臉鬱悶消沉，很快父母或伴侶就會問你出了什麼事、要怎麼幫你。

問題是，沒那麼幸運的人怎麼辦？又或者正好身邊的人都性格冷淡、吝於付出，反過來還會疑神疑鬼呢？或者雙方可能立場矛盾。（海根團隊提出的例子是女兒遭到繼父虐待求助於母親，母親卻也希望忠於丈夫。）直接開口或旁敲側擊恐怕都無濟於事，高代價的訊號成為選項。

自殘便是其中一種，因為只有遇上嚴重問題的人才做得出來。自殘能強烈抓住別人目光，以自殺作為威脅是一例。差別在於口頭威脅可以是假的，而且時間拉長會失去效力，自殘則直接付出巨大代價，所以更能取信於人。

我認為上述觀點很有趣，但也有些質疑。首先，這套理論只能預測特定情境下的自我傷害行為。照道理來說，青少年若與周遭成人關係良好就不該自殘，可是若他們與成年人關係都很差，差到不會期待別人伸出援手，那邏輯上自殘也不該發生——既然沒人理會，訊號發給誰看？於是推論起來，自殘應該更常見於介於中間的孩子，也就是親子關係普通，直接開口得不到家長關心，然而若大人真的認為孩子有麻煩又會介入。我尚未看到這種主題的研究問世。

再者，自殘者通常選擇會被衣物掩蓋的身體部位下手。假如動機是發送訊號，何不將刀子劃在臉上、頸部或手掌？海根團隊也發覺這些矛盾，並提出兩項回應：第一種可能是，他們懷疑高成本訊號並非有意識的行為策略，而是透過演化形成的機制，因此人類可能會有自殘衝動，卻又自主選擇隱藏這件事。（哭泣原本也是呼救訊號，我們卻很習慣藏起眼淚。）第二種可能是，自殘作為訊號，卻不能被視為訊號——自殘者不希望被當作功於心計的人，因此受傷要被旁人發現，而不能主動展示。其實一般的求助訊號到了親密關係中也有類似特徵，我希望得到伴侶注意卻又不希望顯得很刻意，結果就是板著臉，期待對方過來問：「親愛的，有心事嗎？」（典型作答是：「唔……沒事啦。」）

考慮種種因素後，高代價訊號不大可能完整解釋自殘行為，但仍舊能與前面提過的情緒調節（逃離自我）、自我懲罰這兩種心理驅力並列。

想更加瞭解痛苦帶來的愉悅，可以反過來思考什麼東西**無法**轉化為愉悅。最直接的答案是：過分強烈的痛苦，以及永久性的肉體損傷。心理健康的人不會朝身上打釘槍，也不會找個器官放火點燃。真正的受虐狂少之又少，看看「受虐狂食譜」得做到什麼程度（節錄自諷刺雜誌《麥斯威尼》〔*McSweeney's*〕）：

香橙蘭姆酒果膠肉桂烤美國山核桃（原註46）

生美國山核桃	二又二分之一大匙
蘭姆酒	一大匙
紅糖	二茶匙
鹽	四分之一茶匙
肉桂粉	二分之一茶匙
香橙果皮	一顆

攝氏一百八十度烘烤山核桃五分鐘。蘭姆酒、糖、鹽、肉桂和果皮放入大鍋內加水煮沸。建議此時可以先打電話叫救護車。脫下褲子。咬住隔熱手套，將滾燙果膠淋上陰部。可供四人享用。

很多心理體驗也令人避之唯恐不及。幻想中的世界很安全，我們常常躲在裡頭品嘗何謂負面體驗（這是下一章要談的），但沒人真的希望兒女遭殺害、被朋友排擠、心底的祕密被揭發。

此外，還有隱藏的界線，例如很少人尋求嘔吐感。阿圖．葛文德（Atul Gawande）曾在《紐約客》發表〈想吐的感覺〉（A Queasy Feeling）一文，其中提到西塞羅曾說自己寧願死也不想忍受暈船（上過波士頓灣遊艇以後，打死我也不會再去賞鯨）。（原註47）有些媽媽對害喜的印象比分娩還糟糕。一般人跑步扭到腳，好了以後很快就繼續訓練，比起來嘔吐就不同，某種食物造成嘔吐感的話，你可能一輩子都不會再碰它。

葛文德從中觀察到演化邏輯。嘔吐的原始功能是排出攝取的毒素，體驗惡劣且留下深刻記憶可以避免當事人重蹈覆轍再次吃壞肚子。標準演化理論中對害喜與第一孕期頻繁嘔吐也有類似詮釋：這個階段胎兒容易受天然毒素影響，於是母體提高警戒。（原註48）

然而僅僅感受糟糕這項理由，尚不足以將嘔吐排除在良性受虐名單之外，畢竟人類還是會追求其他糟糕的體驗。因此更好的解釋是嘔吐感會持續不散，所以無法達成前面討論過的心理平衡。能夠忽然消失的痛苦才能為後續的愉悅鋪路。先前提到芬蘭人的習俗是從熱騰騰的蒸汽室走出來以後直接跳進冰湖水中，建議大家試試看。相對而言，隨時間慢慢散去的不適感營造不出強烈對比，我們也就很難享受隨後的愉悅。想像一下，如果有一臺嘔吐機，啟動後會引發極度暈眩，但關掉立刻回復正常，我猜大學生依舊會排隊想要玩玩看。

無聊的代價

論及難以轉化的不愉快感，最後一個例子來談談無聊。人類發明的遊樂設施裡有鬼屋這種東西，安排一堆怪物跳出來大叫嚇人，可是沒有所謂的「無聊屋」，或許規則是收走大家手機、不給書報閱讀，所有人坐在原地一兩個鐘頭不知道要做什麼。前面提到鮑梅斯特團隊的研究，他們還發現無聊會同時降低快樂程度與意義感，這結論不言可喻。（原註49）

探究什麼事物會造成無聊的理論出乎意料很難建構。（原註50）早期有一說是人類受到的刺激與誘發不足時就會覺得無聊，但後續研究發現就算情緒亢奮依舊可能感到無聊。（壓力很大的同時又覺得無聊，兩者並不衝突。）

另一種理論認為人類感覺失去自主時會覺得無聊。幾年前，德州休士頓機場的旅客常抱怨得坐著很久等行李。然而管理單位的改善措施並非加速行李運送，而是將行李轉盤改到距離關口更遠的地方。（原註51）如此一來，旅客不是站在轉盤前盼著不知何時出現的行李，而是將時間耗在行走和其他事情上，據說後來客訴真的減少。換作是你，同樣一小時，會選擇在公路馳騁，還是塞在車陣內？

不過自主性理論也不是完全正確。倘若走到行李提領區真的得花太長時間，即使保持自主性與目的性，旅客**終究**會厭煩。具備自主性與感覺無聊並不衝突，現實生活中很多情境都吻合這種情況：有些時候我們想做什麼都可以，卻偏偏找不到動力。（原註52）

之後會再詳述意義之於生活的意義。「當活動無意義時感覺無聊」這個簡單的道理與本書主題之一非常契合，可惜實際狀況並非如此。許多大家覺得不無聊的事情都沒有太大意義，譬如玩手機遊戲「憤怒鳥」、看裝瘋賣傻的喜劇或沒營養的小說之類——不但不無聊，還打發了無聊。

再換個角度試試看。想理解無聊，先觀察無聊為何存在。哲學家安德里亞斯·

艾爾皮多羅（Andreas Elpidorou）認為無聊與痛苦很接近。前面提過對痛苦無感很不利身心，當事人的肢體就算被砍了、燒了、砸了也未必會注意到，必須保持專注警戒才能維護人身安全。與其說痛苦是理性思考，其實它更接近心理動力。碰到燒熱的爐子，感覺不到痛的人會慢慢分析：**這個熱度對身體造成長期且嚴重的危害，所以應該遠離**。感覺到痛的人會尖叫一聲後以最快速度彈開，眼睛還蹦出淚水，就算能賺一百萬也不會再靠過去。

艾爾皮多羅認為無聊也是類似道理。感覺無聊，代表需求未得到滿足，是環境不夠多變、新穎，無法刺激興趣的訊號。燙傷的痛楚告知人類何處造成傷害並製造迴避的動力，無聊則推動我們尋找精神上的刺激以及社會接觸，學習與外界接觸和互動。失去無聊感也會有嚴重後果。

大部分情況下我們不會讓自己無聊，但利用科技從事消遣卻沒有什麼實質產出。我自己也不例外，念研究所時有一整年的時間沉迷於俄羅斯方塊，最終意識到這並非好的生活態度，就像手臂被燙了卻選擇麻醉而不是抽離。（原註53）後來一篇探討無聊的科普文章做出類似結論：

（無聊）在日常生活中就好比煤礦坑裡的金絲雀[6]，提醒我們是否想要或能夠專心進行當下的活動，若不想或不能時，無聊也會催促我們改變現狀。人類對無聊的反應很重要，如果一丁點的無聊都以空洞的娛樂取代，會接收不到無聊背後關於意義、價值和目標的訊息。空洞且適應不良的反應模式，如實驗室內自我電擊、社群強迫症、沉迷賭博或藥物等等，雖然可以短期消除無聊，但代價多大？

等等，「實驗室內自我電擊」是怎麼回事？幾年前《科學》雜誌刊載一系列有趣論文，（原註54）研究者請大學生交出包含手機與紙筆在內所有隨身物品後進入空房間待著，唯一規則就是必須保持清醒。受試者停留時間依據計畫不同，分別在六到十五分鐘之間。

最重要的發現是，受試者真的感到不自在。即使提高受試者年齡，或者透過網路請人自己在家實驗並回報，結果都沒有改變。

不自在到什麼程度？在一次實驗中，研究者電擊受試者，接著詢問他們願意花多大代價避免再度遭受電擊，之後請受試者隔離十五分鐘，但隔離的地方有電擊機器。結果顯示，明明受試者都表示願意花錢避免被電擊，但被隔離時許多人選擇承

6　譯按：「煤礦坑裡的金絲雀」一詞典故為，古時礦坑工人以金絲雀作為瓦斯中毒的預警（金絲雀體型小，氧氣不足或有毒氣時比人類早出現反應）。

受疼痛。（然而數據呈現族群差異：男性有三分之二電擊了自己，通常僅一次，不過有一位先生電擊自己高達一百九十次。作為對照，只有四分之一女性用了機器。）這同樣屬於良性受虐，也就是利用疼痛逃避無聊。

什麼也不做之所以如此難受，是因為當我們無法轉移焦點時，思考容易變得負面。無聊與BDSM正好相反，不但逃不開自我意識，還會陷進去。

由此可見，無聊並不符合良性受虐標準，既沒帶來愉悅也無法抓住注意力或引起興趣（實際上正好相反），所以達不到逃離自我的效果。無聊能夠與未來的經驗做出對比，接續在無聊之後的活動可能顯得更有趣。但從研究結果來看，對比不夠強烈，導致這個選擇沒有價值。

無聊還是有些許魅力——之前我說不大有人會追求無聊，可我沒有將話完全說死。藝術是一個例子，艾爾皮多羅認為藝術多數無聊，「《白鯨記》裡講鯨類學的部分很無聊，艾瑞克・薩提（Eric Satie）的《煩惱》（*Vexations*）完整演出很無聊[7]，華格納的《尼伯龍根的指環》四部也一樣，安迪・沃荷的《帝國大廈》[8]、威廉・巴辛斯基（William Basinski）的《解離循環》（*The Disintegration Loops*）、大部分慢節奏電影、許多交響樂第二樂章都是如此。」（原註55）此外，他觀察到蘇珊・桑

7　譯按：《煩惱》的特點是很小的片段重複八百四十次，完整演奏可長達二十小時。
8　譯按：拍攝紐約帝國大廈一天內從早到晚八小時的變化。

塔格（Susan Sontag）在日記中表達過相同看法，同時另外給了些例子：「賈斯珀・瓊斯（Jasper Johns）很無聊，貝克特（Beckett）很無聊，羅伯・格里耶（Robbe-Grillet）很無聊，其他還有好多好多。」（原註56）可是又有人表示自己喜歡這些藝術，或許在他們心中並不覺得無聊，又或者這些人認為即使作品不完美，只要有足夠優點就行，例如《白鯨記》其餘篇章能彌補講述鯨魚解剖學的無聊部分。不過對某些人而言，無聊本身就是樂趣。鑽研艱澀文字是種挑戰，也可能象徵身分地位。你讀你的史蒂芬・金和狄恩・昆茲（Dean Koontz）[9]，我讀我的齊克果與克瑙斯高（Knausgaard）[10]。從詰屈聱牙又乏味的作品得到樂趣也是種訊號。我絕對不是頭一個提出這種主張的人。

何況人類行為背後有各式各樣的動機，特立獨行是其一。哲學家、評論家試圖定義何謂藝術，結果就有藝術家創作出不合乎定義的作品，但那份顛覆正是創作的價值所在。同樣的，一些聰明人想得出擁抱無聊的理由，一個（虛構）案例是約瑟夫・海勒（Joseph Heller）的《第二十二條軍規》（*Catch-22*）提到，「鄧巴喜歡打飛靶，因為打飛靶的每分鐘都如此令他厭煩，時間變得很緩慢。」（原註57）後來讀者會進一步發現：鄧巴追求無聊和痛苦，他覺得主觀體驗上能因此延長壽命。有趣

9 譯按：曾獲讚譽為「美國最受歡迎的懸疑小說家」。
10 譯按：挪威文學作家，被譽為「挪威的普魯斯特」。

的體驗結束得太快，使人更迅速步向死亡。但他的朋友提出質疑：

「嗯，或許真的是這樣，」克萊文杰壓低聲音不大情願地附和：「或許填滿許許多多不愉快的事情才能讓人生看起來很長。但前提是，誰想度過漫長又痛苦的人生？」

「我。」鄧巴回答。

「為什麼？」克萊文杰問。

「有別的選擇嗎？」

第三章

難以言喻的愉悅

要欣賞現實與虛構的負面事件需要保持距離，不能太近也不能太遠。

苦中作樂是人性的一環。受虐癖可見於每個社會的每個人，只是形式不同。以物種而言，只有人類表現出這個特徵。

針對最後這句話，有些學者聽了會皺起眉頭開始說教：科學家曾經自信滿滿地表示，語言、想像未來、對陌生個體展現仁慈都是人類獨有的性質……可是後來實際考察或實驗室研究後發現，其他物種一樣具有這些能力，只是程度較低罷了。再評論下去，他們會強調優秀的達爾文主義者，也就是真正理解演化與共同起源的人，都明白差異只是程度而非絕對的有無。

我能理解這種反應。聽到某些人文學者對人類性慾和社會性高談闊論，同時對演化史以及其他靈長類的生活模式不屑一顧，我自己心裡也會很錯愕。人類並非無中生有，想要認真探究人類心智如何運作，勢必得涉獵其他領域，包括演化理論的邏輯，以及已有豐富資料的其他動物的心靈生活，尤其是靈長類。舉例而言，小說家伊恩·麥克伊旺（Ian McEwan）研究十九世紀英語小說之後有深刻感觸，他發現那些作品的主題竟然與倭黑猩猩的生活方式若合符節，「不外乎陰謀詭計、恩怨情仇、盛衰榮辱、悲歡情愛、生離死別」。（原註1）

但主張某些特徵獨屬人類並沒有錯。若以為全新的器官或新的能力不會再繼續演化，是對演化理論的誤解；它們當然是繼續演化的。物種隨時間分化，發展出各自特有的性質，譬如大象的長鼻子。[原註2]而若以為只有量（程度）的差異沒有質的區隔，更是沒道理，看看人類和蟑螂。我們和其他靈長類走在不同演化道路上已經有數百萬年之久，時間足夠培養出新的能力，包括心理的能力。[原註3]

即使你完全不瞭解演化，人類很多特質在生物圈獨一無二也是顯而易見。只有我們發展出百老匯歌舞劇、登陸月球、設立數學系、會因為政治壓迫而上街抗議，同時也只有我們造出刑房、集中營以及核武。

這些例子都是社會經過漫長時間孕育而成。如果現在有個地方，雖然居民都是智人卻不具備基礎科學與技術，還全都是文盲。那也無妨，他們依舊擁有同等級的心智能力，只要與我們同物種、神經發育正常，就能夠從事繽紛多彩的人類活動。

人類有何特異之處可以主導這顆星球的未來？科學家思索時通常會從幾個層面切入：高度社會性、文化和學習、抽象與分類思考，再來理所當然就是語言天賦。然而常被忽略的卻是我個人認為最強大的特長——想像力。人類有能力設想出尚未存在，或許永遠不會成真的世界。這種能力可以改變一切。

人類的想像力

本章主要討論我們獨特的想像力如何製造出愉悅的感受。不過人類演化出這種能力的兩個可能理由都和愉悅無關。

第一個理由是人際互動。既然想得出不一樣的世界，就代表能夠從別人的角度進行觀察，縱使對方對現實的詮釋與自己並不相同。於是我們有了觀點取替、同理心等等很多心理機制。

從他人的角度觀察世界，是許多善行的基礎。例如我想回應你的憂慮、消除你的恐懼，首先就得知道你是怎麼想的，雖然我未必會有同感。（我會安撫被小狗嚇到的小孩，雖然我一點也不怕那隻狗。）我想教你某種知識，為了不造成誤會和枯燥，我得想像不具備那些知識的狀態才能有效灌輸新知。更日常的事情，例如購買生日禮物、與幼兒對話都一樣，也都需要我們想像別人的觀察和體驗；這個能力有好幾種名字，如社會智力、情商、心智理論、認知同理心等等。人類的仁慈與利他是建立在能夠想像別人眼中的世界。

然而殘酷和算計也應運而生。掌握別人心理的能力又被稱作「馬基維利智力」

（Machiavellian intelligence），從名字就能感受到其黑暗面[1]。（原註4）說謊、談判、引誘、討好、欺騙、迷惑、作弄別人時，一樣得進入對方腦海中那個與自己所見不同的世界。因為我和某人有私怨，於是告訴你：「別跟他走在一塊兒，那傢伙不老實，是個騙子。」（我明知道實際上他人很好。）為了讓你相信，我得有意識地在你心中構築虛假的世界，與事實真相或者我自己的觀察所得都不同。或許你會起疑問說：「他騙過誰？」為了圓謊，我得在**你**的世界裡面加料，所以我的腦袋裡同時有真實版本（我自己知道），以及另一個虛構不實的版本。撒謊好比撰寫內容矛盾的兩本書，十分耗費腦力，但人類想像力卓越所以做得到。

擅於理解別人心思的人或許也擅於教學和引導思考，適合擔任心理學家、精神醫師以及拷問官。有些人這種能力不發達。有些人性格比較彆扭、自我中心，理解速度慢，時常對不同想法感到疑惑。社會理解能力發生嚴重障礙，就是所謂的自閉症，儘管很多自閉症患者天賦異稟，但可想而知他們平時生活會相當辛苦，不懂別人心思導致社交極其困難。

小時候大家都不擅社交。學界對於嬰幼兒的社會想像力究竟多高莫衷一是，但看得出來小孩子不是很懂得從別人的角度進行思考。小朋友說謊技術差，他們對別

1　譯按：馬基維利被稱作「近代政治學之父」，著有《君主論》。其姓氏在英語中引申出權謀、利用他人達成自身目的的含義。

人的心理認識不足，沒辦法加以利用，所以會有嘴角沾著巧克力卻否認自己吃過蛋糕這種反應。孩童們玩捉迷藏遊戲很容易出包也是同樣道理，他們的腦袋沒有足夠資源鋪排一個自己不被找到的虛假世界。然而我認為相對於其他物種的成年個體，人類嬰幼兒已經非常擅於理解他人的想法，這個觀點我曾經在其他著作中提過。（原註5）

心理學家討論人類的虛構能力時，多半如上所示將重點放在社交層面。但其實這個心智系統有另一種更泛用的功能：規畫未來。人類能順利生存，是因為我們可以在腦袋裡模擬一個事件的多種演變，判斷每條路線的好壞。棋藝電腦也是如此運作，演算每一步分歧並加以分析，判斷出最好的選擇。如果我檢舉老闆會是**這個**結果，如果我找律師會是**那個**結果，如果我什麼也不做又是**另一個**結果。若沒有想像力，我們無法描繪尚未成真的未來，並且將之與現實做出區隔，結果就會困在當下，只能直接做選擇並從結果記取教訓期待下次更好。哲學家安東尼．納塔爾（Anthony Nuttall）認為藉由想像力，「人類即使未能跳過，至少也縮短了演化所需的路程。我們讓假設身先士卒，折損了也不必心疼。」（原註6）

只有人類如此嗎？跡象顯示，一些小動物也具備想像力，能有限度地計畫與做

夢。黑猩猩和一些猴子似乎能理解同族心理，甚至利用同伴的無知或誤會，不過實際情況在學界仍受到熱烈討論。（原註7）

但這些人類近親的社會理解和規畫未來的能力仍遠遜於人類，就算是人類孩童都勝過牠們。這一點從未有人質疑。再者，尚未有證據證實除人類之外，其他生物能夠有意識地控制想像。我們之所以獨特，就在於生活經驗很大比例是用於回顧過去、眺望未來、進入別人內心；無論黑猩猩其他方面多發達，思考還是受限於此時此地。

人類的想像力如影隨形。若以時間加總來看，生活中最主要的愉悅來源不會是與親友相伴、遊戲、運動、性——我們當然享受這些活動，至少調查時會如此作答。但其實最常見的愉悅不是現實體驗，而是根本不存在的事物，比方說讀小說、看電影、打電動和做白日夢時的腦袋馳騁。這些愉悅起源於想像力，而且是人類花最多時間的領域，堪稱不用螢幕的網飛。（原註8）

功能如何演化與實際如何運用是兩回事。具備能力以後，不一定會用在原始目的上。以想像力來說，人類的行為就好比青少年擁有一部功能強大的電腦，每天下課以後乖乖坐在螢幕前面準備練習微積分……但一閒下來就立刻看A片、玩《決勝時刻》（*Call of Duty*）、上社交平臺與朋友聊天。

沒錯，如果基因能夠表示意見，它們一定會請你別再沉迷幻想，去做點有助繁衍的事情，無論飲食還是做愛、建立人際關係與容身之所，或者養兒育女都好。可惜基因已經隨人類誤入歧途。其實這就是演化生物學的基礎概念：雖然演化有其原始目的，卻也可以成就別的功能。鼻子用來架住眼鏡、指甲彩繪能取悅愛人、大拇指輸入手機訊息的速度飛快，這些都不是演化最初的目的。

這種功能挪用也發生在某些心理能力上。理性思維經過演化，原本對應複雜且時常是零和的社會與物理環境，如今卻轉而推敲宇宙起源、模擬橄欖球遊戲策略等等，有數以億萬計無關乎繁衍的用法。人類足夠聰明（也有足夠強烈的自我毀滅傾向），發明所謂「超常刺激」（supernormal stimuli），遠遠超乎自然演化環境下心靈能夠承受的幅度。當我們大啖家庭號巧克力配可樂，人類對甜食的喜愛就遭到過度觸發。人之所以有這種本能是為了適應時時可能缺糧而亡的環境，高糖分水果提供的能量可以保命，但如今嗜甜的機制反而會害死我們。

性也一樣。人類心智經過演化，某些情境下會被挑起性慾，因為這是達到交媾的重要步驟，從演化的角度來看非常妥當。問題是我們會受騙，或者說甘願受騙，即使明知道某些情境根本是假的。而且這個弱點並非人類獨有，公獼猴也願意「付費」（貨幣是果汁）得到機會觀看母猴臀部的圖片。（原註9）一九五〇年代，研究者對公火雞的性行為起了興趣，發現牠們會爬上擬真的母火雞模型試圖交配，就算模型缺了尾巴、腳、翅膀也無所謂。事實上，插在木桿上的母火雞頭部也能完整誘發牠們的性慾。（原註10）

人類也差不多，就算只是螢幕上的光影與顏色排列組合，我們依然十分著迷。但與火雞不同，人類能夠清楚區分是幻是真、是模擬還是實體。火雞辦不到，我們卻可以透過創作來自娛娛人。推敲起來，或許漫漫年月前的某一天，人類這個物種出了一個有創意也好色的祖先，他不過是在沙地上畫畫、在岩壁塗鴉和雕刻，居然就產生了性慾，結果創造出所謂的色情文學。

演化的身心機制出現其他用途可能對人類造成危害。我們有能力製造高脂高糖高鹽的食物，但整體來看，它們對現代人的健康並非幸事。電動和直播風行，部分人從中得到的樂趣似乎超越與真人互動。甚至有人以色情產品取代真正具有繁殖意義（也更為複雜）的實際性愛。這些問題會波及生活其他層面。

回憶和期望的樂趣

想像如此迷人又有趣，到底什麼原因呢？

一方面就是方才提到的火雞頭現象。面對虛構，我們的反應通常與面對實物相同。哲學家很久以前就察覺到這一點，不過他們較少以慾望舉例，而是拿恐懼來闡釋。蒙塔古（Montague）書中提到，若將智者放在懸崖，「他必然顫抖如嬰孩」。大衛．休謨則想像某人被關在鐵籠後自高塔垂下，明知道不是自己卻仍然「止不住顫抖」。

人類心智一定程度上能夠忽略真偽，無論現實世界或想像模擬都好。儘管知道不是事實，我們仍能複製體驗並從中獲取愉悅，與親身經歷無二。嬰幼兒就展現出這種能力，所以能玩躲貓貓、飛高高這種小遊戲。

藉由模擬體驗滿足現實慾望，是想像的愉悅最單純的形式。我們喜歡真實性愛，於是想像性愛。我們不喜歡孤單，於是透過書籍影片找到有趣的人，或者想像出可以談話的對象。我們憧憬豐富多彩的生活，期盼愛情、冒險和榮耀，望梅止渴的方式就是假裝自己成了那樣的人，或者捏造一個符合的形象。只要閉上眼睛，憑自己的心就能創造新世界。不過我們也常常進入更有創意與才華的人所創作的宇宙裡，從超級英雄復仇者到莎士比亞戲劇都是如此誕生的虛構作品。

別人的幻想當然不像自己腦袋裡的東西是量身打造，如果史蒂芬．史匹柏、托爾斯泰或加州某色情片工作室做出契合我慾望的東西，那我真的就出運了。不過創作者通常比我們自己擅於臺詞、鋪陳、音效等等細節，所以在大銀幕看《哥吉拉》遠比自己閉上眼睛做夢還要精彩，《歡樂單身派對》與《邋遢女郎》的對白換作我可寫不出來。

還有一種特殊的想像體驗與記憶有關，那就是重構與重溫過往的事件。所有動物都有記憶力，然而目前學界只觀察到人類能自主回憶與品味往事。這點之後會更深入討論，因為生活中各種決定並不僅僅取決當下時空環境，還涉及我們自認日後回顧時會作何感想。

然後是期望。之前討論良性受虐時，以對比為脈絡已經提及這點，不過期望可以涵蓋更大的範圍。一項研究頗有巧思，詢問受試者：你能嘴對嘴親吻最喜愛的電影明星，且對方欣然同意、毫無勉強。（原註11）你只有一次機會，但必須是未來的時間點。你願意花多少錢換取此時此刻、無需等待就接吻？你最希望何時能實現心願？

如果這題出現在經濟學導論課堂上，教授期待聽到的答案應該是：**越快越好**。大家都知道：現在的一分錢，價值比起未來的一分錢更高。同樣道理，世事難預料，你的生死難料，明星的生死也難料，又或者之後你對接吻沒熱情了、這個不可思議的交易作廢了等等。換成心理學的角度，答案依舊是「越快越好」，因為人類心智早已適應經濟學家闡述的道理：一鳥在手勝於百鳥在林。我們希望盡快滿足欲望，所以要選擇眼前的一顆棉花糖，而非未來不確定的兩顆。

問題是，實際上多數人卻希望這個吻能過幾天再說，願意花最多錢的選項是三天，而不是三小時或二十四小時。顯然美好的體驗值得細細品味，許多人寧可稍作保留，將精華留待後面享受。（但也不能延後過久，三天的價格比起一年、十年來得高）。

為什麼不是立刻接吻，之後透過想像力重建過往經驗，同樣能夠再度品味？我不知道。或許期盼未來比起回顧過往更享受？又或者回憶和期望是兩種不同樂趣，人希望兩全其美？無論如何，期望是想像之所以愉悅很重要的來源。

前面討論提到以想像代替某些現實世界的愉悅，好像創造了一個輕量版現實

（Reality Lite）。（原註12）不過部分來自想像的愉悅似乎與這種描述背道而馳：明明我們有決定想像內容的自由，卻偏要製造或尋求不適和苦痛。彌爾頓（John Milton）筆下的撒旦說：

> 人心自為其境，而在此境中，
> 地獄可變天堂，天堂可成地獄。

結果我們常常選擇地獄。體驗痛苦的方式有兩種，其一是樂見他人受苦，通常還是幻想出來的；再者則是自己受苦。《安娜．卡列尼娜》（*Anna Karenina*）主角痛苦到自盡，我們雖然跟著難過卻又深愛這部作品。

之前提過恐怖片是人類從替代型痛苦中得到愉悅的範例，其實換成莎翁文學也無妨，故事裡很多暗殺、刑求、強暴，應有盡有。《泰特斯．安特洛尼克斯》（*Titus Andronicus*）的一幕是幾個強暴犯為了避免受害者張揚，竟斷了她的舌頭與手掌，結局是一個母親受騙，吃下兒子們的遺體做成的肉餅。（《權力遊戲》有個類似橋段是從這兒得到靈感。）

還有古羅馬競技場。每天開場時會先展示動物，裡頭有異國物種，接著就屠宰牠們。（原註13）中午和下午則用死刑暖身，行刑方式是要死刑犯做生死決鬥、活生生被燒死、被獅子之類猛獸吃掉。刑罰偶爾也用於重現傳奇故事。比如說，希臘神話中伊卡洛斯飛得太靠近太陽而蠟翼融化墜落身亡，所以他們就把犯人從高塔頂端推落。

又過了一段時間，古人想出劍鬥士比賽。《懺悔錄》內，奧古斯丁說了阿利毗俄斯（Alypius）的故事：法學院朋友們拉著他去看上面那些表演，他深深為之作嘔，始終閉著眼睛，然而群眾歡呼震天價響，他忍不住偷瞄一眼。（原註14）「目睹鮮血的瞬間，彷彿他將野蠻飲進體內，之後凝視場內，再也不別過臉。阿利毗俄斯已然迷失，大口吞下混沌騷亂，因惡毒殘暴而欣喜。他隨眾人圍觀、高呼、亢奮，將瘋狂留存心中，日後還要回來沉淪。」古典文學家蓋瑞特・法岡（Garrett Fagan）在著作《競技場的誘惑》（*The Lure of the Arena*）裡面引述這個故事並提出質疑：或許奧古斯丁講的是自身經驗，只是過於羞愧不敢承認。

無論阿利毗俄斯或者奧古斯丁都是男性，競技場或現代恐怖片這類娛樂真的更吸引男性，但性別差異不如大家以為的那樣大。一份樣本超過千人的研究詢問受訪者對恐怖片的喜好程度，以一分到五分的標準進行自陳。男性平均三點五分，女性平均三點三分；就統計學而言有足夠差異，只是並不強烈。（原註15）

大眾對於恐怖片普遍會將其貼上庸俗的標籤，但上流社會的愉悅並不高明到哪兒去，百老匯歌舞劇也不例外。二〇〇八年，根據《紐約時報》大篇幅報導，《鼓號旗兵》（*Blasted*）的內容包括強暴、吃人類眼球，有觀眾看到昏倒。（原註16）行文至此，我又看到《一九八四》的改編作品因為視覺效果過猛，有觀眾「昏迷嘔吐」。（原註17）

另有一群人沉溺在悲傷中。電視劇《這就是我們》（*This Is Us*）令許多人感動落淚。（原註18）我曾在雜誌讀到一篇文章的標題是：看《這就是我們》每週大哭一場有益身心健康。網路評論也說這部劇「扣人心弦」。從某些角度觀察，在人類文化裡，悲傷比恐懼更氾濫。就我所知世界上沒有「恐怖歌曲」，但悲傷的音樂多不勝數。[2]

目前所討論的主要都停留在欣賞他人創作的負面體驗，但其實我們常常自己在心裡做一樣的事。控制思考的能力與生俱來，可是人類時常選擇引發悲傷的思緒。（原註19）馬修・柯林斯沃斯（Matthew Killingsworth）和丹尼爾・吉爾伯特在論文

2 作者按：某些音樂類型如重金屬或嚎叫（Screamo）雖不至引發恐懼，卻能擾動情緒製造焦慮。（感謝 Alexa Sacchi 的討論補充。）

〈心若不定則不悅〉（A Wandering Mind Is an Unhappy Mind）中採用「體驗取樣」做法：透過手機軟體，每天隨機的時間聯繫樣本，請受訪者回答和快樂相關的問題（「你現在感覺如何？」）、和活動相關的問題（「你現在正在做什麼？」並附上列有二十二項常見活動的表單）、和思緒有關的問題（「你腦海中的念頭，是否與眼前正在做的事情有關？」）。

結論是人類分心的程度**非常嚴重**，接近一半時間都不安定。分心與否和快樂或者眼前活動無關。分心的經驗為正面者不過半、確定負面的超過四分之一。整體而言，分心時人比較不快樂。

此外，種種不愉快感受的誘惑不限於成人。雖然許多層面上，兒童心靈脆弱、容易受到驚嚇，而且不像成年人能迅速分辨虛構和真實，但家長時常震驚於孩子竟然也喜歡暴力或恐怖內容。喬納森．葛特紹（Jonathan Gottschall）感慨道：「幻想世界不太像天堂，更近似地獄。」（原註20）下面這段對話是幼兒園內典型的扮家家酒情境，兩個孩子分別為三歲（瑪尼）和四歲（拉瑪），最初記錄者為兒童人類學家薇薇安．佩利（Vivian Paley）：

教師：瑪尼，寶寶呢？搖籃裡空空的。
瑪尼：寶貝不見了。是誰在哭……拉瑪，你有沒有看見我的小寶貝？
拉瑪（站在玩沙桌的前面）：有喔，她在黑暗的森林，裡面很危險。你們不要攔我，就在我挖的山洞後面。
瑪尼：你是她爸爸嗎？拉瑪，把嬰兒帶回來。喔，太好了，你找到她了。
教師：她在黑暗的森林裡嗎？
瑪尼：拉瑪，她在哪裡呢？不在山洞裡吧。不行，不可以把小寶貝放在山洞裡。（原註21）

必須是假的，不能是真的？

很久以前哲學家就對人類喜於幻想負面情境深感興趣。大衛・休謨為這個謎題提出古典的界定（也是本章標題的典故）：

悲劇寫得好，觀眾似乎能夠從悲傷、恐怖、焦慮及其他應該不喜不適的情緒中得到難以言喻的愉悅。情感被挑動得越深刻，愉悅隨之更豐富。苦與樂成正比，落淚啜泣代表快樂至極，哭是為了排解苦悶抒發憂鬱，因為心靈中最柔軟的同情憐憫已經紅腫。(原註22)

休謨雖未明言，但他對此現象已有自己的一套假設。部分心理學家認為喜歡恐怖片的觀眾未必真的害怕，喜歡悲劇的人也未必真的難過。又或者，有學者將負面情緒視為代價，交換未來的愉悅，類似先苦後甘的感念。相較起來，休謨關注的是這類體驗的愉悅感受與焦慮、憂傷等感受成正比。若換成現代語言，休謨認為負面情緒不是設計錯誤，而是賣點所在。(原註23)

他的想法沒錯。畢竟喜歡恐怖片的人自己也承認：之所以喜歡，就是覺得可怕。以下這句話是很典型的回應：「聽起來好像自己找罪受，可是看恐怖片的時候越害怕就覺得越好看！」(原註24)同樣的，如果你跟別人說看《這就是我們》要熬過前面的悲苦才有後面的精彩，對方只會帶著淚痕滿臉疑惑——人家要的就是那份哀愁！我兒子查克大概四歲時，某天他看了個卡通，螢幕上是一場暴力追逐戰，我見他情緒激動、鼻子抽噎就說：「查克別怕。」然後我伸手要拿遙控器，結果他竟然轉頭邊哭邊朝我叫道：「不要關！」

研究證據支持這個方向。伊杜亞多・安卓德（Eduardo Andrade）和喬爾・柯罕（Joel Cohen）針對兩個族群做測試，分別是自稱每月最少看一部恐怖片的恐怖片愛好者，以及幾乎不看這類電影的人。（原註25）實驗請他們都欣賞《大法師》（被附身的十二歲小孩嘔出綠色液體、口出穢言，頭部像陀螺旋轉）以及《撒冷地》（小鎮遭到吸血鬼入侵，可愛孩子被咬，結局淒慘）兩部作品的駭人片段。

觀看影片以後，受試者填寫問卷描述自身感受。兩種類型的受試者都認為這是負面體驗，可是只有愛好此道者表示同時有正面情緒。他們並非缺乏恐懼或焦慮，實際上程度還很強烈，差別在於愛好者能夠從中得到愉悅。

後續研究請受試者在看電影的同時回報內心反應，並以滑鼠記錄程度高低，分數由一到五，類別有**害怕**、**驚嚇**、**警戒**、**快樂**、**開心**、**高興**等等。不喜歡恐怖片的人心理反應與快樂是負向連結；喜歡的人則反之，恐懼與快樂會同步增減。

還有另一次研究挑出三十八部電影，內容是一到兩分鐘的特定主題：某個角色得知深愛的人死亡，例如《神祕河流》（*Mystic River*）裡，西恩・潘飾演的人物發現十九歲女兒遭謀殺。（原註26）受試者觀看之後，因情節而傷感越重的人，反而越想看完劇情。

不過休謨也有兩個地方說得不大對。第一個錯誤比較隱微，在於「排解苦悶抒發憂鬱」這句話。它的用字遣詞重點在於表達悲傷，也就是亞里斯多德提出、佛洛伊德延伸闡述的宣洩（catharsis）作用，意指經歷恐懼、焦慮、悲傷再將情緒釋放，能夠得到淨化、內心寧靜的感受。這是很受歡迎的理論，常用於解釋為何負面情節也會受到喜愛：我們追求最後的正向效果，一種認知上的洗滌。

乍聽可笑，事實不然。確實有人表示好好哭一場之後感覺放鬆許多。但整體而言，所謂負面情緒的體驗能達成淨化的說法是錯的。許多人看完恐怖片以後餘悸猶存，可能之後好一陣子夜裡得開著燈才敢睡覺。較近期針對恐怖片愛好者做的調查發現，電影結束之後反而更覺得害怕，沒有這種感覺的人僅占二十分之一。（原註27）心理學有很多「已死」的理論，宣洩作用算是死透了。

休謨的論點有另一個比較大的問題。他給追求負面體驗加上一個框架，主張這種現象只存在於特定類型的虛構作品上，因此將之稱為「悲劇悖論」（the paradox of tragedy）。

悲劇悖論同樣是個很受歡迎的理論，有過漫長且燦爛的歷史。雖然討論的藝術形式略有不同，但亞里斯多德曾經提到：「看見某些東西會導致痛苦，我們卻喜歡觀看那些東西的仿品，還要精準呈現，比方說我們極度厭惡的動物，或者牠們的遺體。」（原註28）注意這裡說的是仿品，而非事物本身。山繆・約翰遜在《詩人列傳》（*The Lives of the Poets*）中說：「悲劇之美在於我們意識到虛構性質。若觀者相信其中的生死和背叛都是事實，悲劇便不再令人愉悅。」（原註29）所以必須是假的，不能是真的。

我認為這是個誤會。以莎劇而言，內容的的確確符合大家對現實生活最大的關注——與性、愛、家庭、地位有關的種種互動。像我自己當年追蹤O・J・辛普森案就像追劇，案情經過後來也被做成紀錄片或改編作品，可見事件真實與否不減損其吸引力。戴安娜王妃之死觸動人心，原因在於是事實；反觀回憶錄若被發現造假，銷量不會上升而是滑落。知道悲慘故事是真的，對結果沒什麼影響。

或者我們回頭注意亞里斯多德說的話。他認為噁心的現實會「導致痛苦」，可是仿品卻帶來愉悅。要是亞里斯多德有機會在前陣子和我們家一起搭車出門，或許就會改觀了。那天我們急著要去看電影，但高速公路上出了一場嚴重交通事故，很多人經過時會放慢車速導致路況非常壅塞。一開始困在車陣裡，我們還埋怨大家心態嗜血，等自己行經事故現場卻也忍不住慢慢開好看個一清二楚——**天吶，你看玻璃碎成那樣。那邊是血嗎？**還有一次，我開車上班經過街角的老式報紙販賣機，留意到頭條標題寫著「驚悚細節全曝光」，當下心裡記著要上網找全文——大家想知道的不就是這種細節嗎？柏拉圖的《理想國》提出類似例子，其中轉述蘇格拉底講過的故事：利昂提奧斯（Leontius）走在雅典街頭，看見剛被處刑後的一堆屍體。他又想看清楚又覺得該轉身離開，天人交戰半天後還是跑過去，然後對著自己的眼睛吼道：「混帳東西，那麼好看你就看個夠！」（原註30）

虛構的痛苦有其吸引力

休謨認為人類對負面體驗的興致有個前提，也就是體驗為虛假時才能成立，但如今看來並不正確。即便如此，負面事件確實特別適合經由想像來體驗，原因在於相對安全。

雖然有個斧頭殺人魔在鎮上出沒會令人心跳加速、情緒亢奮（理由留待後續再作討論），但顯然我們不會希望這件事情真的發生在自身周遭。埃德蒙・伯克

（Edmund Burke）說：「只要恐懼不逼得太緊，總能帶來喜悅。」（原註31）同樣道理，現實生活中偷聽別人講話有被逮到的風險，隔著浴室窗戶偷窺別人洗澡風險更大，真實性愛有懷孕、傳染病、身心傷害等種種潛在麻煩；虛構作品則不然，甚至非虛構領域如歷史、新聞、紀錄片等等，也能讓人重現體驗卻又幾乎零風險。畢竟沒有人會看紀錄片《聖母峰》看一半被凍死。

虛構作品的安全性還有另一層：我們能夠控制自己接觸的嫌惡體驗類型。尤其約莫十年前開始，科技提供人類近乎無限的選擇，這個特點變得更加重要。不久前我一個朋友在社交平臺上請追蹤的好友提供意見，她想找個能助眠的電視節目，動態消息是這麼說的：「我喜歡比較傳統的女性取向內容，不大喜歡暴力或刺激畫面以及低俗趣味。」活在現代才享有挑剔的餘裕。

有些人則將這種控制慾發揮到極致。我的學生珍妮佛・巴恩斯（Jennifer Barnes）涉獵甚廣，愛好之一是羅曼史小說，據她所言這個類型底下還分成許多系列滿足不同口味，各有不同的情節樣板。（原註32）一個常見主題是「保姆和富翁」，故事如何發展應該不難想像，風格走向遵循嚴格規範，讀者一本接一本，但實際上情節幾乎相同。其實電影也是，續集常常只是將原本故事換個說法後，稍微更動再演一遍，《終極警探》第二集、《捍衛戰警》第二集都如此。

倘若**真的**那麼不想要意外，最好的策略當然是反覆閱讀同樣一個故事。赫拉克利特（Heraclitus）曾說過人無法踏進同一條河兩次，但如果是虛構的河倒是有點機會。重複相同故事帶來的安全感特別吸引幼兒。

要欣賞現實與虛構的負面事件需要保持距離，不能太近也不能太遠。足夠沉浸才體會得到煩惱、執著、恐懼，譬如讀者得在乎安娜・卡列尼娜、小杜麗、艾德・史塔克、家庭小精靈多比才會喜歡那些故事。但另一方面，尤其針對劇情走向不妙的作品，閱聽人心中也得清楚所有角色都不是真實存在，才不會讓同理而來的關心與苦痛覆蓋了愉悅。這就是所謂金髮姑娘原則[3]，也可以稱作是一個甜蜜點。

兒童不善於拿捏心理距離，相比成人較無法承受恐怖。一個實驗簡單直接證明了這點：心理學家請四歲到六歲的孩童假裝箱子裡面有怪物，然後孩子們多半拒絕將手指放進箱內。（原註33）他們並非分不清真假，但兒童不擅長區隔想像和現實。不需要研究，大家也知道小孩看完恐怖片容易做惡夢。

事實上我認為換個巧妙方式進行，同樣的實驗對成年人也有效。給成年人看兩個盒子，一個怪物盒（「假裝盒裡的怪物愛吃手指，看到就咔嚓咬掉！」）、一個

3　譯按：典故為童話故事中，金髮姑娘誤入熊家庭使用裡面物品，覺得不太冷或不太熱的粥最好、不太大或不太小的床和椅子最舒適。

普通盒（「看看真的是空盒」），請他們將手伸進去。我的預測是很多人要伸手進怪物盒之前會猶豫，即使只是幾分之一秒。這個預測是基於保羅・羅津的發現：用便盆盛湯，即使全新拆封，多數人也不願意喝。明明是軟糖，如果外觀像糞便，大家就不肯吃下肚子。手槍沒子彈，可是要人拿它對準腦袋扣扳機還是會被拒絕。（原註34）塔瑪・甘德勒（Tamar Gendler）指出人類心智為雙軌運作（原註35），儘管有意識的部分知道便盆乾淨、軟糖是食物、槍膛沒有子彈，潛意識卻模糊了想像和現實，於是心底發出尖叫：「那東西很危險！別碰！」

討論完休謨對問題設定的框架，但我們尚未觸及問題核心，也就是為什麼人類會去追求負面體驗。虛構的苦痛有何吸引力？

首先回想前一章討論過的良性受虐癖。人類主動創造情境來釋放內心的不適，透過對比可以帶來愉悅泉源，例如緩緩浸入溫度較高的水，逐漸習慣之後與最初的燙有了反差，或者咖哩的辣勁與冰啤酒互相平衡、激烈運動結束後的放鬆舒緩。

許多故事節奏相仿，開場是苦難困境，隨著劇情發展進入圓滿結局。前面曾經以復仇故事做例子，讀者要先忍受不公不義，後來才能隨主角享受復仇快感。電影《猛龍怪客》（*Death Wish*）[4]的宣傳標語就捕捉到其中精髓：「他們對他妻女下

4 譯按：私刑正義類型片，一九七四到九四年間在美國推出五集電影，二〇一八年重啟由布魯斯・威利主演。

手，他要他們付出代價。」前半句描述負面，後半句描述正面。先壞後好的走向也出現在兒童故事中，《小火車做到了》（*The Little Engine That Could*）的上半場是奮鬥（「我想我可以，我想我可以。」），後來完成任務（「我做得到！我做得到！」）的心情更加慷慨激昂。

這個結構十分普遍，所以大衛・羅賓森（David Robinson）從維基百科的網站上下載了十一萬兩千個故事大綱做成資料庫進行分析，樣本涵蓋書籍、電影、電視、電玩等等不同領域。（原註36）分析項目也很多元，包括針對一段文本的正負「情感分析」（**sentiment analysis**）。結果顯示故事的輪廓線大都很神似：開場走高，接著逐漸下滑，一路負面到大結局前面時，正面程度會陡然飆升。羅賓森認為：「人類創作的故事平均而言就是，『事情越來越糟、越來越糟，直到最後一分鐘忽然好了起來。』」

前面提出的主張是人類能夠享受負面的故事，即使描述不適體驗的情節也會帶來愉悅。根據之前引述的研究（以及日常觀察）就能得知：眼淚或驚嚇都是故事張力的一環，而不是需要忍過去的煎熬。那麼先苦後甘的結構編排，是否與這個理論扞格？

未必。早先討論良性受虐時我曾經提出另一點，也就是在正確脈絡下，期望本身會帶來愉悅。當我們知道眼前是個創作，腦袋也明白故事（至少一般故事）以什麼機制運作，面對前面大半情節呈現的痛苦掙扎時，我們內心早已混雜了期望的愉悅。儘管「他們對他妻女下手」，觀眾卻能肯定「他要他們付出代價」很快上演，於是改變了體驗性質。這就是虛構創作與現實的關鍵差異：除非一個人全心全意相信善良慈愛的神真實存在，否則生命背後沒有導演編劇，遇上壞事誰也不知道最後會不會逆轉。

然而我對先苦後甘這個解釋仍舊有所保留。首先故事不一定得照章行事，創作還有很多類別，仔細看看會發現有其他方式達成正負平衡又引人入勝。另一份研究證實了這點，他們拆解數千件虛構作品，分析隨著故事進展的情緒內容，將其分為六大類，而且顯然並非全部都是圓滿結局：（原註37）

一、由窮而富（一路上升）

二、由富而窮（一路下降）

三、谷底反彈（先降後升）

四、伊卡洛斯（先升後降）

五、仙杜瑞拉（先升後降再升）

六、伊底帕斯（先降後升再降）

以負面情緒為賣點的創作也有這些路線。雖然很多恐怖片的結尾是怪物被殺死，但也有不少片子裡怪物沒死。何況悲慘結局才符合悲劇的定義不是嗎？單憑先苦後甘的愉悅回饋很難完整解釋創作如何能以負面體驗為訴求。

我甚至認為連谷底反彈的類型都不能用先苦後甘來解釋。想像自己先看了一些負面事件，再看到一些與前面無關的負面事件，接著是更多的負面事件，最後冒出幾個還是沒關聯的正面事件——同樣是跌到谷底再爬起的走勢，一慘再慘直到最後忽然好轉，但這樣的故事能吸引人嗎？

谷底反彈類型的故事會好看，重點還是基於故事內容，尤其在於克服阻礙，這種故事的價值可謂老生常談。它是約瑟夫．坎伯（Joseph Campbell）的理論核心，稱作英雄旅程（hero's journey）。克里斯多弗．布克（Christopher Booker）提出「七種基本情節」，裡面也有這一項。針對文學普遍特質的認知科學研究常常以此為主題，派崔克・孔謨・荷根（Patrick Colm Hogan）發表過很多。（原註38）早在亞里斯多德的《詩學》裡，它已經是悲劇創作的方針。其實這個寫作手法幾乎可謂編劇入門知識。在MasterClass這個線上課程的相關主題中，劇作家艾倫・索金（Aaron Sorkin）給學員的忠告就是：建構故事的基礎在於**呈現巨大的障礙**。（原註39）

有一篇論文標題為「缺乏不確定性時的懸疑」（Suspense on the Absence of Uncertainty），作者里察・蓋瑞格（Richard Gerrig）指出，即使知道結果仍能感受到懸疑氣氛，譬如我們都知道喬治・華盛頓會成為總統、美國會在二戰中發明原子彈，但只要情節裡如何解決阻礙這件事還有不確定性就好。（原註40）超越阻礙才是吸引人的元素；它們就是製造愉悅的機會。

關鍵在於阻礙，這也解釋了為何圓滿結局並非必要。主角成功能夠帶來愉悅，但並非唯一選擇。墜入谷底是一種劇情手段，不代表他非得爬出來。《洛基》與《勝利之光》這兩部最棒的運動電影（我個人見解）都不以主角獲勝收尾，很多偉大戰爭片亦是如此，連《捍衛任務》系列也一樣（到目前為止）。好結局被過譽了。

這同時解釋了為什麼大家喜歡的很多故事都會有負面元素。有阻礙，代表難以得到想要的東西。故事裡的阻礙可以很輕微，甚至很可笑；浪漫喜劇裡兩個主角明明想在一起卻得處理愛管閒事的雙親，童書裡那輛火車只是努力要爬上山坡。然而若與試圖逃離活埋的主角相比，差別也就是程度輕重，無論哪個劇情都有一定程度的焦慮和壓力。缺乏這個元素，故事就少了張力，變得無趣。

最後，從阻礙切入會發現創作透過負面情節連結了我們在現實生活中所追求的。人生的許多困境和挑戰都必須跨越阻礙，而生命的意義很大程度來自於此。這也會是本書後半的主軸之一。

練習融入幻想

將厭惡的事情放入創作中卻能吸引人，另一個解釋與「遊戲」有關。放著孩童不管，他們就會開始玩遊戲。他們會假裝自己是飛機、正在喝下午茶、打仗，或者摔跤、賽跑、推擠等等。其他動物如貓狗也會玩耍，有時候很激烈，有時拿倒霉的小動物當玩具。成人也玩（只是換個名詞），地點是健身房、體育館、道場、格鬥場之類。

有派理論認為遊戲是一種演化而來的練習動機。（原註41）戰鬥是最好的例子：戰鬥技巧極具實用價值，增進戰鬥技巧的方式就是累積經驗，然而實戰相當危險，非死即傷、死傷的不是自己就是夥伴。對此窘境，演化得出了一個絕妙的解決方案，就是大家以戰鬥作為遊戲，尋找信任的對象一起熟習戰鬥動作，加上諸多限制以降低傷亡機率。於是現代人設計出規則：不能咬人，不能攻擊腰帶以下，不能踢踹未起身、沒力氣了或投降的對手等等。我們還會使用手套、頭盔、牙托這類防護工具。

練習越多技巧越好，所以人類喜歡在安全的前提下進行各種體能、社交、情感的競賽。希望駕駛飛機時航行和降落的技術更好？你當然可以直接開飛機，但先在飛行模擬器裡度過幾百小時是更聰明、更安全的做法。想像力也是一種飛行模擬，我們不會每次都模擬平順的航程，反而常透過想像突發狀況來為飛行做準備。

人類透過具體練習來應付現實中可能的危險，也利用想像來因應可能造成不悅和不適的心理元素。史蒂芬・金說得好：「人類創造想像的恐懼，幫助自己面對真正的恐懼。」這是「強韌心靈適應惡劣環境的方式」。（原註42）換句話說，我們受到悲劇或恐怖片吸引，是因為這些創作有助我們學習如何應對最糟糕的情境，例如被陌生人襲擊、被朋友背叛、親友死亡等等。

針對上述論點，傑瑞．福多（Jerry Fodor）曾經提出的一段評論流傳甚廣。他首先引用史迪芬．平克為虛構世界的實用論所做的辯護：「虛構敘事為我們做好心理準備，將來才能夠面對攸關生死的困境，知道可用的處理策略和最後結果。要是我懷疑叔父害死父親、篡奪王位、娶了自己母親，該怎麼辦？[5]」福多的回應是：

問得非常好。但萬一我用綁走矮人族得來的戒指和巨人交易，請對方幫我建造新城堡，卻發現沒有那枚戒指自己就無法維持永生統治世界，又該怎麼辦？必須先想清楚，畢竟這種事情天天能碰上、人人沒把握。（原註43）

福多的笑話有些人看不懂，意思就是虛構情節也常常與現實生活面對的困境無關，練習理論因而撞進死胡同。

不過他的批評正確嗎？創作裡令人不舒服的場景似乎精準命中切身相關又最令人擔憂的情境。重複一下前面引用過小說家伊恩．麥克伊旺整理出的作品主題：「陰謀詭計、恩怨情仇、盛衰榮辱、悲歡情愛、生離死別」。創作不就圍繞著這些主題，而它們不就正好是生活中的憂慮？

5 譯按：《哈姆雷特》劇情。

魔法戒指又要怎麼解釋？不現實，這點福多沒說錯，但其實具普世性、切身相關的主題也可以透過奇幻的手法呈現。福多十分愛好歌劇，所以舉例也來自華格納《萊茵的黃金》（*Das Rheingold*）劇情。我不熟悉歌劇，但對恐怖片還有點研究，那麼恐怖片裡的奇幻情節會牴觸練習理論嗎？沒錯，喪屍末日或許是杞人憂天，然而這種思維太直線、太字面了——喪屍電影的主題根本不是喪屍，而是透過誇張離奇的手法去呈現社會崩壞、世界混亂時我們如何自處。（喪屍片裡最危險的不是喪屍而是其他活人，這個設定幾乎無一例外。）

某些創作風格反而十分符合大家對「練習融入幻想」的期待，因為練習多半就希望能去蕪存菁。想要精通技術也不是一再重複同樣練習就好。拳擊手會花很多時間打速度球[6]，速度球和實際拳擊比賽相差甚遠，即使以模擬而言也很不完整（它不會反擊），卻是種很有幫助的練習。

之前提到以想像作為追求愉悅的工具並非演化上的適應，而是意外。然而此處我們看到了例外。以想像進行練習符合適應理論，人類受到虛構負面情境吸引源於想要遊戲和練習的欲望，而這種欲望傳承自從中獲益的祖先。能夠想像惡劣情境並事前規畫的人，活得比較好且子嗣也比較多。

6 譯按：拳擊訓練器材。

行文至此，我們討論的都是負面想像，愉悅的想像又如何？嘉貝莉．奧廷根（Gabriele Oettingen）團隊的大型研究計畫發現，正面幻想通常有害。（原註44）其中一項研究以隔天進行髖關節置換手術的病患為樣本，請他們想像自己兩週後的情況，譬如走路到家門口拿報紙之類。想像體驗越正面，後來的復原狀況越差。另一項研究找了有暗戀對象的大學生當受試者，請他們想像之後兩個人開始認識，結果也是幻想越美好，幾個月之後真正交往的機率越低。還有其他研究得到類似結果：想像自己在某一門課表現很好，結果反而得低分；想像求職順利，結果卻沒有錄取或薪水較差。

正面幻想與正面期望並不一樣，正面期望並不與負面結果呈現相關性。正面幻想為什麼有害？原因尚不清楚，奧廷根提出一個理論：這種幻想會分散注意力，妨礙當事人專心達成目標。正面幻想或許是個替代品，我們從中獲得足夠愉悅的話，就不會在實際行為上付出更多努力。然而想著困難與失敗自然沒有這種副作用。

截至目前，對於創作中的嫌惡內容已經提出兩種解釋：首先這種內容的重心在於阻礙，反映我們在現實生活中最主要的興趣。再者，可以將之視為想像遊戲，協助人類安全地預習危險或艱困情境。

進入第三種解釋之前，我想先聊聊一種特定類型的想像所帶來的愉悅，並趁早坦承：其實我也不是真的懂。

關於性幻想，現代社會已經比過去瞭解得更多，而這得歸功於大數據，對大眾在色情網站的搜尋進行大規模分析十分有研究價值。（原註45）直接請人說出性幻想內容，受訪者很可能因為尷尬而拒絕作答，或者乾脆說謊，可是他們選擇的色情影片很直接反映出個人愛好。這部分有好幾個資料來源，其中最大的是 Pornhub 網站上數十億筆搜尋紀錄，不僅能看出大家喜歡什麼，還能針對年齡層、性傾向、生理性別找出差異。（另外，色情網站竟然是用 Google 分析取得訪客類型資訊——想不到吧？）

搜尋資料裡名列前茅的東西都在預期內，以生理特徵、器官、動作為主，並且與現實生活中的喜好重疊，符合前面說過的輕量版現實理論，也就是以想像代替真實經驗。

接下來事情開始奇怪了。舉例來說，色情卡通很受歡迎。（原註46）賽斯・史蒂芬斯・大衛德維茲（Seth Stephens-Davidowitz）沿用佛洛伊德的理論，嘗試從人類心理固著於童年的角度切入，提出的佐證之一是「臨時保姆」為男性搜尋資料的關鍵詞之一。（不過作為想像主題，另一種解釋是部分男性生活中能夠近距離接觸的年輕女性就是臨時保姆，自然會成為性幻想源頭。）

再來是亂倫。大衛德維茲鎖定當時 Pornhub 搜尋榜前一百名，亂倫在男性榜中占第十六位，最常見主題為母子；在女性榜則是第九名，常見主題為父女。

這種現象反映出現實中大家對亂倫很感興趣？對此我很懷疑。撇開年長男子且多半為繼父所做的侵犯行為，目前未有證據指向手足或親子之間存在強烈的性吸引力，何況近親繁衍有很強的生物性限制。雖然凡事都有例外，不過正如史迪芬・平克所言：「十幾歲的兄弟姊妹不會相約出門，溜到公園或在汽車後座幽會。」（原註47）

我認為實際情況有所不同：想像得來的愉悅雖然安全，伴隨的風險卻是無趣。有人拿著手槍在我辦公室裡揮來揮去很可怕，出現在電影銀幕上則無感，因為大家習慣了。為了克服這一點，電影會將畫面營造得特別暴力。色情影片有同樣問題。有些未經世事的青少年只是嘴對嘴接吻就差點暈過去，但也有人看了太多色情片所以得尋求較極端的內容，細節在此就不多描述了，畢竟我希望這是一本能闔家閱讀的書。

亂倫之所以熱門，我推測是對傳統場景麻木的觀眾，想從禁忌、衝擊、不道德之中獲取快感。（注意：亂倫主題底下有不少劇情其實是繼父繼母，雖然仍是禁忌卻沒那麼嚴重。）大眾對偷拍、私密影片流出、復仇式色情有興趣也是同樣道理，因為未經當事人同意或知情就拍攝或散布。不道德元素導致某些人不願觀看，卻也有某些人受禁忌所吸引。

再來要討論的就更令人坐立難安。在大衛德維茲的研究樣本裡，整整四分之一的異性戀女性的搜尋項目強調身體或心靈的痛苦，關鍵詞包括「激烈」或「痛」。（原註48）（百分之五搜尋了「強姦」或「強制」，儘管 Pornhub 已將之列入禁詞。）現實世界裡，男性暴力性侵的比例通常比較高，然而女性的搜尋次數卻至少是男性的兩倍。

不只 Pornhub，還有不少研究詢問男女受訪者的性幻想內容，方式有訪談、填表以及開放式問卷。好幾個研究結論顯示，很高比例的女性（介於三到六成）幻想過強暴，將近三分之一表示她們喜歡或頻繁想像。（原註49）考慮到即使匿名當事人可能仍舊羞於啟齒，數字只會低估不會高估。

那麼為何會有這種幻想？一個理論是為了獲取性愉悅，又不用承擔追求性愛的污名或罪名。然而這樣思考，潛臺詞就是擁抱這種幻想的女性比較屬於性保守或容易感到羞愧，偏偏相反的現象似乎才成立——有這種幻想的人，性經驗和性幻想都更多元。

如果以方才概略提過的遊戲與練習來詮釋呢？女性較容易受到性侵，這確實是一個重要課題，或許她們透過幻想來做好準備。

但這個理論無法解釋為何強暴會是性幻想。女性**確實**常常思考性侵問題，不過就像大家思考如何避免搶劫、防止小孩遭到綁架，想像時並不開心，重點是放在如何抵抗。一般而言，沒有人預想惡劣處境時得到性愉悅，誰想像自己信用卡被盜還覺得過癮？性幻想則不同，愉悅而刺激，可見練習理論不適用於此處。

我覺得恐怕沒人真的明白這個現象背後的成因。我個人也只有一項猜測：雖然這些幻想被描述為強暴並符合字面意義，但仔細分析的話和一般提到的性侵害有所不同。深入觀察幻想情節，會發現存在一定規則且很不現實，像是加害者外表出眾、過程很少或根本沒有生理疼痛與恐懼噁心、體驗是舒服愉悅的。（原註50）這種幻想並非描繪真實的強暴，更像另一種版本的 BDSM，再摻入新的元素，譬如自己魅力驚人導致對方失控等等。從這個角度去理解或許更合適。

觀眾需要反派

第三種，也是最後一種對於創作中嫌惡情節的解釋：道德。我們對善惡著迷，故事走向正確時能呼喚我們的道德天性。

訴求道德的故事必然要有負面情節，最低限度在於：若沒有壞事，便無法見證善人得勝。某些故事裡，痛苦並非來自於惡，例如小娃娃掉進水井，但被救援隊帶回。另外一些故事中，痛苦是有人作惡的結果，例如大鬍子歹徒綁走少女，最後被主角救出。兩種情況都符合前面提過的原則，也就是愉悅來自於克服阻礙。但惡的存在更特別，因為提高了惡有惡報的可能性。

論及報復的快感，大家很容易聯想到克林．伊斯威特的電影這類通俗娛樂。事實上報應故事，或者更廣泛地說是所有正邪鬥爭的故事，經常以極端誇張的形式表現。漫畫也是一個例子。大衛．皮札羅（David Pizarro）和羅伊．鮑梅斯特指出，超級英雄漫畫與另一種誇大不真實的刺激可以類比：「一如色情之中誇張扭曲的性，超英漫畫以誇張扭曲的道德滿足人類趨向道德的天性。」（原註51）

也有手法細膩的道德故事，以睿智方式娛樂或教育大眾，傳遞的訊息更為深刻，例如其實鮮少有人覺得自己邪惡、每個人身上都同時存在善惡兩面、善意可能結出惡果、復仇的滋味未必甜美等等。柯恩兄弟（Coen brothers）的電影就常常告訴大家暴力不受控制，即使看似為道德服務的暴力也一樣，《血迷宮》、《冰血暴》、《險路勿近》裡都有百密一疏的橋段（有時還很荒誕）。

不過無論多脫俗的創作都會滿足人類對善惡有報的原始追求。我們就是喜歡看壞人遭殃。這種事情或許不需要神經科學，但為了完整起見，我會指出大腦裡幾個特定區塊，包括自覺受到公正待遇時觸發與愉悅獎勵有關的部位，以及自認被不公對待時觸發與痛苦有關的部位。此外，即使自己或身邊人並未遭殃，單純看壞人遭受懲罰我們就能得到愉悅。（原註52）

這種愉悅背後也有合理的演化邏輯：若欠缺處罰或排擠搗蛋者的傾向，害群之馬也就不必付出代價，人類難以建立互助合作的社會制度。（原註53）套用在報應和報復上，同一套邏輯製造出更強大的動力——若你無法阻止歹徒侵害自己或親友，就會淪為宵小和變態容易下手的目標。

因此復仇成為創作敘事一大主題也不令人意外，從經典作品《哈姆雷特》、《伊利亞德》到雅俗共賞的《逍遙法外》（*An Eye for an Eye*）、《猛龍怪客》、

《我唾棄你的墳墓》，以及直接取名為《復仇》的電視劇都一樣。我架上有兩本書號稱能夠涵蓋多數的文學傳統，書名分別為《復仇悲劇》（*Revenge Tragedy*）和《罪有應得》（*Comeuppance*）。

講了這麼多懲惡的愉悅，其實揚善也有，只是幅度較小。我們會對主角發出讚譽，甚至驚嘆，也能代入角色感受到快樂。有趣的是，這份愉悅似乎不如惡人嚐到苦果那般強烈，原因或許是背後沒有對等的演化需求，注意力大多用在鎖定壞分子，而非觀察與表揚好人。負面比正面強是心理學的常態。（原註54）所以創作中有善惡衝突會比僅有善沒有惡更滿足我們的需求。要是蝙蝠俠電影裡，億萬富豪布魯斯．韋恩不是將資源用在打擊犯罪，而是犧牲奉獻為高譚市造橋鋪路，結果恐怕不會像現在一樣受到喜愛。英雄本身沒問題，但觀眾需要反派。

大眾經由創作作品滿足伸張正義的欲望並藉此得到愉悅，再度呼應了我們現實生活的需求。寫作之際，正好網路上開始流傳紐約律師亞倫．施洛斯伯格（Aaron Schlossberg）的影片，他被錄到在曼哈頓某餐館內對說西班牙語的服務人員咆哮，要求對方說英語，還威脅要請政府派人將他們驅逐出境。網友義憤填膺，律師出門時被大批記者包圍追問，一支墨西哥街頭樂隊直接駐紮在他居住的公寓前方，而施洛斯伯格最終丟了工作。雖然他緊急發聲明道歉，但依舊遭到大眾嘲弄。

我明白這些行為會有人為其辯護，主張透過羞辱才能遏止醜惡的種族歧視行為云云，都是必要之惡、不得已而為之。可是仔細看看推特與臉書，或者留意紐約街頭抗議施洛斯伯格的群眾——其中很多是自詡進步派的人士，平日他們最瞧不起以暴制暴的衝動，現在卻展露了雀躍情緒。大家就是想看到施洛斯伯格自取其辱。

類似例子還有理察・斯賓塞（Richard Spencer），他是著名的白人優越主義者、「另類右派」創始人，在華盛頓特區接受採訪時被人打了頭。很多人大讚過癮，一些推特使用者還替他遇襲的影像畫面搭上配樂。

或許你已經察覺我並不贊同這些行為。沒錯，我確實不支持公開羞辱和人身襲擊，無論目標多壞都不支持。原因之一是，即使撇開道德這個大哉問，進行羞辱和攻擊的群眾找錯對象或混淆證據的情況所在多有。案例很多，可以參考強・朗森（Jon Ronson）的書《於是你被公開羞辱》（*So You've Been Publicly Shamed*）。（原註55）就算目標與證據都沒錯，行為未必不會錯。耶魯畢業的馬修・喬丹（Matthew Jordan）與我一同調查，發現針對個人不當言行的群體反應絕大多數不合乎比例原則，社交媒體尤其明顯。（原註56）透過網路嘲弄他人有快感且看似不嚴重，但匯聚千萬人之後效果很可怕。

寫下這一段用意倒不在嘮叨，而是要凸顯人類在現實生活中透過懲惡獲得多大愉悅。我有個朋友是演化心理學家，他喜歡問別人：你是否曾在心裡希望自己認識的人死掉？後來我也開始問人，得到很多肯定答案。如果將死亡改成受罪會有更多人點頭，而且希望別人痛苦，通常附帶要對方知道自己為何有此下場，感覺這樣更能夠彰顯公理。電影《公主新娘》（*The Princess Bride*）裡，埃尼戈．蒙托亞（Inigo Montoya）斃了殺父仇人還不夠，得先來段開場白：「你好，我是埃尼戈．蒙托亞，你殺了我父親，準備受死吧。」

報復動力的強弱有個體差異，也影響每個人在創作與現實中樂見的情境。有些人滿腦子報仇，總覺得自己或親友遭到欺辱，但看在別人眼裡卻是枝微末節的小事。也有人雖然不那麼嗜血，卻仍保有這樣的欲望。例如我的一位朋友表示自己從未真的希望別人死亡或受苦，不過後來她坦承偶爾會想像特定對象吃點小苦頭，具體情節是尿褲子。

綜上所述，創作的負面情節之所以能製造愉悅，第三種解釋是人類追求崇善罰惡，於是惡人作惡成了必要之惡。它是為了因果報應的愉悅而鋪路。

可是我們還受到另一種吸引：惡本身就如此奇妙。眾所周知，《失樂園》裡最有趣的角色就是撒旦，許多人認為他的對白最棒。同樣的，《蝙蝠俠》裡小丑很紅，《人魔》系列裡漢尼拔・萊克特也比克麗絲・史達林更有魅力。現在連主角都常常得走所謂的反英雄路線，出身於罪犯、盜匪或其他的晦暗背景。

這種角色為何引人入勝有很多種解釋，我認為一大因素是人類偶爾有征服與控制的欲望，想要被人敬畏並為所欲為。然而我們只能透過想像虛構來實現。心理變態者感覺不到罪惡、羞恥、煩惱，對他們誰沒那麼一絲絲羨慕嫉妒？於是有些創作類型著重刻畫壞人，呈現他們有趣、討人喜歡的一面。但即使不這麼處理，人本來就受惡所吸引，所以描繪負面事件與痛苦體驗的創作也會吸引人。

第四章

沒有努力就沒有快樂

努力是絕佳的調味料。
在某一件人事物上付出越多努力，我們就會越感珍惜。

要給多少錢才能讓人願意做出尷尬、痛苦或不道德的事？（原註1）

我最喜歡的一篇科學文章便鎖定這個問題。〈特定類型的痛苦、剝奪、挫折的定價〉（Valuations of Certain Pains, Deprivations, and Frustrations）這篇文章發表於一九三〇年代，作者是心理學家愛德華・桑代克（Edward Thorndike）。心理學界對那個時期的印象多半是留著滑稽鬍子的嚴肅老頭從事技術性工作，但仔細閱讀文章會發現它不太一樣。

研究本身很簡單。桑代克編列出一串令人不悅的活動，然後詢問由心理學系師生和未就業年輕人組成的樣本群體：得付多少錢，才能讓你去做這些事情？

桑代克並沒有解釋自己為什麼做這種研究，也沒提出特定假設或想要探討的實務議題。他只是覺得有趣，猜測大家會有同感罷了。文章開頭他就表示想瞭解人類對於「負效用」（disutility）的看法，亦即對「痛苦、不適、剝奪、退化、挫折、限制與其他不希望碰上的狀態」有什麼反應，還說這個主題「顯然很重要」。講完他就開始切入研究。

身為老一派的實證型科學家，桑代克相信最好的研究方式就是實驗和觀察。不過隨後他又補充說明，以金錢來衡量的做法「只要使用得當絕非毫無價值」。當時的他料想不到這種做法會成為常態，後來社會心理學、行為經濟學和其他一些心理學分支常常會請受試者給事物標價；畢竟不這麼問的話，我們只會知道大家覺得甲壞、乙也不好，卻呈現不出兩者之間的差距。現金價值是最立竿見影的比較方法，因此學界開始詢問受試者：你們願意花多少錢達成或迴避某件事？

桑代克在實驗時採取假設支付，也就是錢不經手。有些行為經濟學家主張這種方法不完美，而且解釋得有其道理：講是一回事，做是一回事，沒真的掏錢都不算數。然而以現金作為研究工具代價太大，何況繼續讀下去就能明白，以桑代克提出的情境而言，還真不能用現金。他是要做心理學研究，而不是拍攝虐待的色情片。

他提出的情境包含肉體上的痛苦與傷殘（「拔掉一顆上門牙」）、傷害其他生命（「勒死流浪貓」）、終身的生活限制（「下半輩子都留在俄羅斯」），甚至還有**死後**的限制（「對死後的世界放棄希望」）。再來有些是噁心（「吃下四分之一磅沒煮熟的人肉」），或禁忌（「對自己母親的照片吐口水」），或尷尬（「中午時穿著晚禮服、不戴帽子在百老匯區從一百二十街走到八十街」）——最後這個例子完美示範了何謂「時代不同」。

我在別本書也引用過這項調查，目的是凸顯人類心理一個重要特徵。（原註2）桑代克詢問多少錢能讓人願意勒死貓，答案平均值是一萬美元（約等於現在的十八萬五千美元）。價格非常高，超過拔掉門牙的兩倍。所以大家寧願自己痛苦傷殘，也不願意親手殺死可愛動物！傷害自己與傷害他人之間存在強烈對比，我的同事莫莉・克羅凱特（Molly Crockett）修改桑代克的實驗方法進行擴大研究，發現在特定情況下，受試者寧願自己被電擊也不要電擊無辜者。（原註3）下次再聽到人類全都自私自利這種說法，你可以拿這些實驗結果去開啟一場雄辯。

桑代克的研究方法也能用來探索本章主題：勞動和勞力。作為暖身，想想下面這些事情要多少錢你才願意做？

花一小時的時間將家具從公寓搬上搬家卡車。

花兩小時的時間將家具從公寓搬上搬家卡車。

雖說不是勒死貓咪或拔掉門牙，但第二項價錢應該還是貴了些。（專業搬家工人當然也是按時計費。）從這個問題能看出時間有價，但這還不是重點。再想想下面的對比：

慢慢將輕的家具裝上卡車，持續一小時。

慢慢將重的家具裝上卡車，持續一小時。

消耗時間相同，但後者比較辛苦，因此大家收費更高。

這是常識吧？車子送修的時候，除了材料費，還要算工錢，工越多價錢越高這點沒人會質疑。勞心勞力與金錢成本之間關係緊密，我們已經習慣在日常生活中使用經濟學術語：我們說付出心血和努力是一種「投資」，投入關注是一種時間「成本」，某些代價則被戲稱為「稅」等等。（原註4）

上面這些簡單的例子都指向一個概念：**要別人努力去做某件事**，是得花錢的——所謂努力的定義是心智或身體為達成某個目標所進行的強化活動。（原註5）換言之，大家平常沒事不會想努力，付出努力這個行動符合了桑代克的艱澀用詞「負效用」，與尷尬、痛苦、違反道德的行為被歸在同一類。

努力的辛苦程度和不適感會隨著時間增加，通常第二個鐘頭比第一個鐘頭累、第三個鐘頭又比第二個鐘頭更累，到了某個時間點就不得不停下來。勞心勞力有上限，持續到最後會精疲力盡。可是這種倦怠與一般身體消耗又不同。你有可能一件事做到厭煩了，卻對另一件事興致勃勃，譬如填稅單填到膩了、組裝家具組到沒勁了，一轉頭卻能與朋友出門聚餐或跟小孩嬉鬧。也就是說，這種疲憊不具整體性，而是針對特定類型的行動。

快速來個小插曲：我知道上面說的很多事情太過稀鬆平常。沒關係，雖然本書旨在探索人類行為怪異而出乎意料的一面，卻還是得解釋一下平凡的部分。物理學不只討論黑洞和量子異常，也解釋了蘋果為何墜地、低溫時水為何會結冰，儘管大家都很熟悉這些現象。心理學亦然。一八九〇年，威廉・詹姆士（William James）寫下發人深省的一段話：（原註6）

為什麼只要有機會，人一定躺在柔軟的床鋪而不是堅硬的地板上？為什麼天冷了就圍著火爐？為什麼進入室內以後，百分之九十九都是往中間看而非朝牆壁看？為什麼喜歡羊里脊和香檳，不喜歡壓縮餅乾和地溝水？

他說多數人不會思考這種事情。但還是有些人會：

簡單來說，柏克萊所謂受學習影響而敗壞的頭腦，才會覺得原本自然的事其實很奇怪，還要質疑人類所有本能行為並知其所以然。只有形上學者會冒出這樣的疑問：為什麼高興的時候人不是皺眉而是笑？為什麼沒辦法像對著一個朋友那樣子朝一大群人說話？

我們也暫時當個受學習影響而敗壞了腦袋的形上學者，一邊吃羊里脊、喝香檳，一邊試著釐清最平凡、最顯著的現象，然後再回頭鑽研那些古怪的東西。

努力太多，愉悅太少

努力對於身體和心靈是一種消耗。(原註7) 從事費力的工作會帶來焦慮、壓力和挫折——這些都不是什麼好東西。在實驗室內請受試者做勞心勞力的事，通常會觀察到血壓升高、出汗、瞳孔擴大，這些反應與不享受當下活動有關。努力也和特定的面部表情相關，靠近眼睛的皺眉肌會收縮；換句話說，當你努力工作時，臉看起來不開心。此外，努力程度反映在大腦前扣帶皮層，而這個部位通常呼應嫌惡、令人不悅的活動。

人類之外的動物雖然無法說出自己的感受或回答桑代克那些問題，也沒有能皺起來的面部五官，卻同樣不喜歡勞力付出。實驗室內設置迷宮，一條路簡單、另一條路複雜，但兩條都通向食物，老鼠一定會選簡單的那邊。在甲地覓食很輕鬆，在乙地覓食要費很多工夫，動物會棲息何處可想而知吧？

很久以前心理學家就根據動物研究提出關於努力的法則。「最小努力原則」（the law of least work）是指取得報酬相近時，包含人類在內的所有生物都會避免付出多餘的努力。

努力的代價有很多形式。假設你想要表達對某人的愛。演化心理學家、動物行為學家，以至於專欄作家都深諳高成本訊號的價值何在：它不好假造，有資源又有意願才能釋放。（之前討論自殘行為時已經解釋過何謂高成本訊號。）有人批評訂婚戒指是陋習，昂貴無用，不如將錢花在買房還實際些。但他們沒抓到重點，訂婚戒指的價值就在於昂貴無用，誰買誰吃虧。世界上沒人會說：「我太愛你了，要為你吃個巧克力聖代。」因為多數人就算不愛對方，也願意吃聖代，這就和高成本訊號的意義背道而馳。

儘管人際關係中的高成本訊號常涉及金錢，但更深一層是犧牲，所以持續的努力也有效。普羅克萊門兄弟（the Proclaimers）的歌詞精彩傳達出情感之深：

我願走五百里，再走五百里，
甘願跋涉一千里，只為倒在妳門前。

努力再努力，多麼浪漫啊！我自己印象最深刻的禮物也都是花了大量時間心血、送的人必須有所犧牲才能取得或製作，蘊含了深沉的忠實與情感。（但我忍不住要挑毛病：走幾個五百里，用說的都很簡單，用唱的也一樣不腿痠。難道這才是團名真正的意義？）[1]

試圖理解他人行為時，我們會下意識地套用最小努力原則。像我最近愛喝日本威士忌，如果你在法蘭克酒屋見過我，或在我家角落看到空酒瓶的話，就會明白我所言不假。可是如果店裡的三得利賣光了，必須開車到鎮上的另一頭去買，我會乾脆改買麥卡倫就好。大家不難從中正確推測：我喜歡日本威士忌多過蘇格蘭威士忌，但差距沒大到讓我覺得多跑那段路是值得的。努力有成本，而成本是我們理解

1 譯按：團名「普羅克萊門兄弟」為中文樂壇採用的音譯，並非成員姓氏。團名直譯則為「宣告者」，因此作者開玩笑說他們只唱不走。

別人行為的要素之一。（原註8）

前面關於努力的例子是搬東西、走路、開車等等，局限在肉體層面，但心理活動同樣可以很吃力。一般而言，當我們提到努力的時候，並不會刻意針對身心做區分。

心理上的努力可以這樣體會：請記住數字7。很簡單吧？再來請記住我從青少年時期就一直用到現在的電話號碼「555-688-9058」（我改了區碼；我父親還用原本的號碼），要記住五分鐘。這件事情就會吃力、可能很煩人，好比在腦袋裡面吊著小啞鈴。換個例子：冰淇淋有十五種口味可以選會很複雜，只有三種就單純許多。其實有大量研究文獻以「選擇悖論」為主題，探討困難的決定會造成多少壓力。（原註9）

超過百年前有個心理學實驗測試了人類心理努力的極限。（原註10）原口鶴子（Tsuruko Arai）[2]的博士論文〈心理疲勞〉（Mental Fatigue）（指導教授不是別人，正是愛德華・桑代克）有一部分是對自己進行嚴苛的實驗，例如四位數互乘的心算，整整四天、每天十二小時持續進行。她發現撐越久越辛苦，後來做出結論：「長期且持續進行繁重又艱難的工作，會導致表現功能的效率下降。」換言之，心

2 譯按：根據網路資料，她原名新井鶴（Tsuru Arai），婚後改名原口鶴子（Tsuruko Haraguchi）。此處原文可能混淆了兩個時期的姓名。基於日本習俗，一般以原口鶴子稱呼。她獲得學位當天結婚，是日本首位女性博士，其研究影響了日本的女權運動。

理努力的規則與肉體努力相仿。

數十年後另一個團隊重現了原口鶴子的發現，不過研究方法將樣本修改為研究生，請他們進入辛苦的心理工作模式。（原註11）三位學生效法原口鶴子的地獄流程，結果表現一天比一天差，不過下滑幅度沒有當初原口鶴子的研究數據那樣誇張。顯而易見的是，受試學生十分討厭這項任務，回報中提及疲憊、焦躁和厭煩。其中一人的感想應該能打動桑代克，她表示：「就算能領一萬美元，我也不想再過一次這四天。」

心理的努力與自制和意志力有很大的關係，必須主動壓抑其他更吸引人的反應。也可以說無論心理或生理，只要是努力就牽涉到意志力，因為去做事的前提就是克服不做事的慣性欲望。

意志力在日常生活的重要性不言可喻。若我得到神力能提升所有人的智能，一定毫不猶豫立刻執行，因為它能帶來很多好處，包括完善規畫未來與仁慈對待別人。（原註12）不過若另一個選擇是提升所有人的自制力、讓心理努力更容易達成，我反而更有興趣。欠缺自制力（又稱為衝動控制失靈）的結果是成癮、犯罪、人際關係障礙等許許多多問題。（原註13）

自制力能直接改善生活。面對不健康的飲食或其他各種誘惑，誰不希望自己再多些意志力？能夠不隨便動怒，不被社交媒體牽著情緒走，豈不是很棒？投入計畫無論多久都不會分心，不會想打開信箱、冰箱或窩在沙發上，簡直太美妙了吧？

有些人會找辦法因應意志力不足的問題。隨便舉個例子，就拿寫書來說吧，我對這本書的規畫是每天一小時、起床第一件事。一大早就動筆，能避免分心和其他必要雜務。此外，工作方面我是所謂晨型人，早上八點鐘的做事效率比起下午兩點更好。（生產力調查結果有個大致趨勢：早上效率好的人最多，再來一部分人是深夜，只有少數人下午表現好。）（原註14）有時我能坐久些，有時我撐不滿一小時。無法專心的話，替代策略有工作與雜務輪流，或者採取番茄工作法的修正版：幾分鐘做這件事、幾分鐘做那件事。所以我會寫一會兒書，讀一會兒電子郵件，看一會兒推特，備一會兒課，將寫作這件正事穿插在三到四個鐘頭的時間裡。（我知道這不適用所有人，畢竟每個人都有自己的超能力，而我正好是八分鐘爆發力的類型。）

以前我也不知道自己適合在一大早的時間處理重要事情。卡爾・紐波特（Cal Newport）將這種專注稱作「深度工作力」（deep work）（原註15），值得大家學習。不過我依舊得面對一些瓶頸，例如偶爾還是整天閒著不動，要是時間能拿來持續工作，或者至少將大部分時間用在正事上，這本書就不必拖稿那麼久，編輯該有多開心！可惜我辦不到。

但這麼說太簡化了。我不是真的辦不到，大家口中的體力耗盡也多半是這樣的情況：雖然嘴巴嚷嚷好累好累，一步也走不動了，不過要是有人表示只要我再走一英里就給我一百萬美元（或拿槍抵著我的頭，我不走就扣扳機），而且也讓我相信他真的會這麼做，我還是會乖乖走下去。所以更接近事實的說法是：繼續做下去太辛苦了，努力太多而愉悅太少。

計算努力的成本

最小努力原則用於描述體力活沒有太大問題，因為過度使用身體會造成損傷。重量訓練時會強調「完全力竭」（training to failure）[3]，但通常我們停下工作不是因為達到身體極限、再也動不了，而是趁著腰痠、背痛、腳疼之類狀況就休息。觀察生理疲勞的現象，會發現部分來自於身體的自我監控：既然過度運動會讓身體受傷，大腦有個機制要求我們在太緊繃時「放慢」和「停止」，顯然非常合理。

3 譯按：重量訓練的理想狀態是，「一個訓練動作中做至力竭，完全無法再多舉一下」。

那麼心理努力為何也辛苦？思考再怎麼過度也不會動到肌肉骨骼，大腦裡頭可沒有這些結構。所以人為什麼不能無止境地持續心智勞動呢？

羅伊・鮑梅斯特團隊提出一種可能解釋，認為心智努力（也可稱作自制、意志、毅力等等）確實就像肌肉，一方面使用時間有限、疲乏就必須休息；另一方面也能透過訓練加以強化。（原註16）

這個觀點妥善回應了個別差異的問題。每個人體質不同，所以意志力強度也不同。心智界重量級選手的注意力彷彿無窮盡，認知系統虛弱的軟腳蝦則連專心一分鐘都有困難。意志力高低看似一種人格特質，之前曾提到意志力低落是個問題，當事人抽菸、車禍、預期外懷孕和犯罪的機率都會跟著提高。（原註17）

然而如前所述，大腦裡面沒有肌肉，心智為何會疲累？也許大腦和肌肉一樣，需要消耗有限資源來運作？鮑梅斯特團隊認為可能原因是血糖，支持證據是糖類的確有提振精神的效用。沒力了？吃顆糖吧。

這套理論流傳甚廣，催生出不少暢銷書，其中包括鮑梅斯特和約翰・堤爾尼（John Tierney）合著的《增強你的意志力》（*Willpower*）。他們在書中給讀者一個忠告：盡量別將意志力耗費在不必要的事情上。（原註18）可以將此比喻為參加舉重賽，沒有選手想要在賽前就肌力耗竭。我意識到這個研究的影響有多大是因為歐巴馬，他在總統任內也遵循同樣原則。（原註19）接受麥可・劉易斯（Michael Lewis）訪談時，歐巴馬曾表示：

「你看我都穿灰色和藍色西裝，這是為了精簡流程。我不想花力氣在飲食與衣著上做選擇，因為還有太多決策要做。」接著他提到科學研究顯示，做決定這個動作看起來簡單，卻會逐步降低後續決策的判斷力。「我必須集中決策能量，其餘事情依慣例處理就好，不能每天都被小事絆住。」

（訪談前不久，安東尼・韋納〔Anthony Weiner〕失手將自己帶有性暗示的照片發到推特上，所以《理性》雜誌將歐巴馬對自制的想法梳理為文，標題是「歐巴馬服飾單調以避免將陰莖照片發到推特」。）（原註20）

腦力如肌力的理論確實貼近大眾經驗，但也有嚴重瑕疵。最大缺漏就是血糖這點。我們觀察不到心智努力會大量消耗腦部血糖；工作艱苦或簡單也反映不出差異。血糖降低最明顯的原因其實是運動，偏偏血糖假設的預測在此失靈——運動之後，心智努力的表現反而會提高，而非降低。評論者也指出所有腦部活動中，最耗血糖的其實並非認知處理，而是睜眼。但有誰會認為睜開眼睛特別困難費力？

多數心理學家同意藉由飲食攝取糖分、補充血糖有可能提升工作表現。然而我們早就知道血糖會影響大腦獎勵迴路（糖是毒品，大家小心！），其正向效果已經得到解釋，與熱量機制不相關。

相較於有限資源的理論，勞勃．庫茲班（Robert Kurzban）團隊提出較有前景的新想法，切入點是經濟學上的「機會成本」，通常定義為：「從眾多選項中做出決定後，便失去其他選項可能帶來的好處。」（原註21）

舉例而言，如果我同意為一本教科書審稿，酬勞三百元，需要八小時。划算嗎？答案部分取決於我是否喜歡審稿、我多需要那筆錢，同時取決於同樣的時間我能用來做什麼。要是同樣八小時，有勞心勞力程度和其他條件都相同卻支薪兩倍的另一件工作，我當然不會去審稿。簡單來說，若有另一項活動的好處比當下的活動高，就應該停下手邊的事情去做那件事。

這個理論能夠解釋為何努力通常不愉悅。感到疲憊反映的不是資源逐步減少，而是機會成本持續累積。辛苦的感受是個訊號，代表可能有其他更好的活動選項。

由此切入也可以說明另一點：並非所有活動都令人疲憊。望向窗外不需要努力，因為這麼做並不會占用心智資源而排擠其他活動，也就是沒有機會成本。對我而言，聽古典樂也不會造成疲倦，因為可以邊聽音樂、邊回電子郵件。搬箱子或做心算相較之下就累了，因為會妨礙其他活動發生，而且那股感覺會在心中持續累積。努力之所以造成疲勞其實是「錯失恐懼」（FOMO, fear of missing out）的神經反應。

所以說人會計算努力的成本並非先天功能不良，反倒是個有意義的系統，若要打造能夠獨立生存的機器人，也得加入這種設計。試想如果一個人開始做事之後就不知道停下來，結果會錯失非常多東西，包括社會刺激與社會接觸。努力隨時間累積而越來越困難，原因就在於此——不是有限資源告罄，而是其他活動的價值逐步上揚。

舉個有點詭異的例子：性行為的不應期（refractory period）[4]也是同樣道理。每個人的不應期長短不同，和年齡、性別、情境有關，但是重新點燃性慾達到高潮多半要等一段時間，而等待期間通常會失去興致。這究竟是缺陷還是生理局限我們

4 譯按：高潮之後性器官感覺達到極限，對性刺激不反應的暫時階段。

無法確定，不過看得出來有其意義。高潮的感覺太好，少了保護措施的話，有部分人除了高潮不會在意其他事情。演化的智慧超越人類，懂得強制介入，逼我們做點別的事。

講完努力為何辛苦且不愉悅之後，我們要回到本書主題，也就是痛苦究竟有何魅力。根據前面討論過的內容，我們來看看麥可．因茲李克特（Michael Inzlicht）研究團隊提出的「努力悖論」（the effort paradox）是什麼。（原註22）

他們的著眼點也一樣：已經有很多文獻證明最小努力原則，也就是人類和其他動物都不喜歡勞動、不喜歡付出努力和意志力。然而接下來，他們指出其實也存在相反現象：人類在可以選擇時，常常會選擇努力，即使得不到實質回報。此時努力竟成為愉悅的源頭。

很久以前就有人發現努力是絕佳的調味料。在某一件人事物上付出越多努力，我們就會越感珍惜。這個現象是心理學的經典發現，也是班傑明．富蘭克林「化敵為友」的訣竅：請對方幫自己一個忙就好；對方都花力氣幫忙自己了，為了不虧本只能對你投入些好感。

馬克．吐溫的《湯姆歷險記》裡有類似情節。主角要幫阿姨油漆籬笆時看見朋友路過，他裝作刷油漆很有樂趣。（原註23）過沒多久，那些朋友竟然塞好處給他，希望交換油漆籬笆的機會；而且他們後來也真的樂在其中。馬克．吐溫表示，主角「無意中發現人類行為的一個重要法則——只要看上去很難得到，人就會想要那樣事物」。

因為努力，所以勞動果實變得甜美。一九五〇年代蛋糕預拌粉問世，家庭主婦卻因為使用過分簡便而排斥，製造商改了配方要使用者自己加蛋之後銷量大增。（原註24）我寫本書這段期間，送餐服務很風行，點餐後廠商會送上食材與簡單食譜，消費者照指示就能做出餐點。看似比起現成菜餚更健康便宜或許是個賣點，但我個人直覺認為沒這麼簡單，畢竟使用這項服務的人大部分收入不錯，外賣的價格也負擔得起。他們追求的恐怕只是親手烹調的樂趣。住在康乃狄克州的我有很多摘蘋果、摘桃子、摘莓果的經驗，我能肯定地告訴大家：自己採收的水果真的好吃，而原因絕對不單純是新鮮。

上面還只是生活經驗。麥可．諾頓（Mike Norton）、丹尼爾．莫辰（Daniel Mochon）、丹．艾瑞利（Dan Ariely）做了一系列實驗，請受試者動手做東西，例如折紙或組樂高。結果明明一樣的東西，大家對自己的作品就是出價較高，對別人做的則出價較低（某次研究裡差距達五倍之多）。即使作品只能有一個形式、無法發揮創意或個人風格，組裝過程也毫無愉悅可言，價格差異仍舊存在。研究團隊將這個現象稱為「宜家效應」（Ikea effect）——向請消費者自行組裝的瑞典家具品牌致敬。（原註25）

努力與價值之間存在關聯，一個常見解釋是人類心智不斷追求合理化，我們習慣為自身行為尋找理由。（原註26）在校園裸奔以後才能加入的兄弟會一定很棒，花那麼多工夫做出來的折紙藝品一定很特別。

但合理化的理論（又稱為認知失調理論）應該不是答案全貌。原因之一在於它只預測了自身努力的效應，而事實上我們也珍惜別人的努力。在另外的一系列研究中，受試者先看一首詩、一幅畫或一套甲冑，接著得知這些東西需要多少時間才能完成。不出所料，受試者的出價和評價都與製作過程耗時多寡成正比。換言之，努力和價值的關聯不限於自身，這就與合理化理論起了矛盾。

而且人類之外的動物竟然也表現出同樣的行為模式。比方老鼠經過努力才得到食物時，牠們願意壓住槓桿更久，代表賦予了較高的價值。（原註27）類似發現擴及許多物種，最近甚至連螞蟻也包含進來！（原註28）雖然我能接受螞蟻很聰明的說法，但還不覺得牠們的心理過程複雜到會試圖美化自己的選擇。

誠如因茲李克特團隊所言，動物實驗指向努力和愉悅能夠簡單地連結起來。養狗的人想給予狗兒獎勵時，在給點心之前通常會稱讚一句「乖」。未經學習的狗兒只是從食物中得到快樂，那句話其實不具意義。但動物訓練師和心理學入門學生都知道：一旦聲音和點心產生連結，往後單純說出那個字都能讓狗兒高興到渾身顫抖。

人類也一樣。社會規則設定：得到獎勵的前提是要付出努力。我們在狗兒身上看到的連結機制可以延伸過來，努力（一開始可能是負面感受）伴隨獎勵，後來它本身也成為獎勵。為了某種愉悅而受苦，經過一段時間以後，那種痛苦本身就帶來喜悅。

但至少對人類而言，這不會是完整的解釋。邊沁說過「克服自我」也是一種愉悅，我認為透過觀察幼童就能證明這個論點是很好的出發點。人類會單純享受某些努力的過程。雖然我還沒找到文獻證據，但個人推測一部分特定類型的努力是從根本上打動我們。也就是說人類先天就會想要去追求某些困難，無論結果如何都能夠從中得到滿足。

克服困難帶來的愉悅

我們進一步來看看何種努力能夠成為享受。舉一個普通的例子，我自己很喜歡《紐約時報》的填字遊戲。就只是覺得有趣，沒人付錢給我，我也沒有厲害到能到處炫耀，卻還是愛玩。

字格全部填滿會令人感到愉悅，但這不是主因。週一的謎題能夠很快做完，可是我反而不想碰，因為太簡單。後面幾天越來越難，常常做不出來的時候卻越挫越勇沉迷其中。以成功收尾雖然是種滿足，卻不像很多人以為的是個必要條件，別忘記電影裡洛基[5]最後還是輸了。

此處愉悅的核心在於克服困難。想想有些人會將廢紙揉成一團丟向遠方的垃圾桶，還會試試看能不能連續三次投籃得分。又或者兩個人吃巧克力，一人丟、一人用嘴接。這些活動本身沒有價值，本質還是丟垃圾、吃點心，但新規則製造了困難卻變得有趣。

然而這些活動似乎違背最小努力原則。之前提到的機會成本概念，也就是我們知道有其他更好的事情可做，於是對眼前的事情感到疲勞厭煩，這也是為什麼努力

5　譯按：此指一九七六年席維斯・史特龍編劇兼主演的《洛基》（*Rocky*）而非漫威系列中的角色（Loki）。

會遭到排斥。那麼剛才的問題可以修正一下：某些特定類型的努力藉由什麼特質而會優於其他可能選項？譬如填字遊戲為什麼會比搬家具有趣？

一個答案是被當成遊戲的努力就成為享受。（曾有一位卓富成效的人士分享成功心得時說：「我根本沒有將這個當成是**工作**。」）於是一波「遊戲化」的風潮應運而生，大家試圖將顯然不是遊戲的活動塑造為遊戲。

但這只是改變用詞，等於沒回答問題。原本是問什麼努力能成為愉悅，現在改問什麼努力能當作遊戲？幸好這樣的變化算是有用的，早就有人思考過好的遊戲必須具備什麼要素。（原註29）他們通常會提到下面幾種性質：

一、可達成的目標：哲學家口中「無止境」的活動，亦即永遠不會結束的事情，並非完全不可能帶來愉悅，漫無目的的散步、與朋友消磨時間就是例子。（原註30）（「無止境」的原文 atelic 的語源是 *telos*，代表目標。）但一般而言，我們很難在沒盡頭的事情上持續努力，過程困難或令人厭惡時更是如此。希臘神話裡面，薛西弗斯被懲罰推巨石上山，然後巨石滾落，他又得從山底再一次推向山頂。不難想見永無止境的勞動多麼悲慘，結束與休息永遠不會到來。

有目的或許是必要條件，但還不算充分的條件。很多事情需要努力也有具體目標，但沒有人覺得好玩，譬如洗廁所。但有明確目標相對起來仍是多些愉悅：花半小時洗廁所並非愉快經驗，但如果是刷再久也不會乾淨的薛西弗斯式廁所豈不更糟糕？

二、次目標，亦即進度指標：填字遊戲的樂趣部分在於一點一點逐步填滿的感覺，而這就是遊戲化的要訣之一。利用點數、代幣、勛章、進度表之類設計可以使人感受到自己快要靠近終點，每次進步都是一波小的正增強。我跑步的時候也會以GPS手錶營造遊戲感，除了比對不同成績看看是否進步，更重要的是為每次運動建立小目標——好，今天課表是一分鐘加速到這個數字，達成的話獎勵自己下一分鐘可以減速到那個數字——如此一來會覺得時間過得更快、體驗更加有趣。至此，我們開始掌握到愉悅的活動有怎樣的輪廓，但還未摸清楚細節。搬家具的小目標多不勝數，如果有一百件家具要搬上車就等於一百個小目標，卻不會因此帶來愉悅。

三、精熟：正確的遊戲設計要注意適合的難度。包括架構單純的《俄羅斯方塊》與《憤怒鳥》在內，許多電玩將關卡由簡單到困難排列，玩家會在最適合的難度區段花最多時間。精熟某項活動，一次次表現超越過去的自己或旁人，可以創造出愉悅感。這是活動值不值得享受的特徵之一，掃廁所、搬家具這種事情對多數人來說不在適合努力的難度上。

四、社會接觸、同伴的情誼與競爭：很多好遊戲一個人玩就可以，代表這些元素並非必要。不過能與他人同樂或對抗會增加很多樂趣，最受歡迎的電玩常常是組隊或競賽類型。遊戲化的概念也主張，若要將工作轉化為遊戲，可以給大家設計虛擬人物進行互動，結伴同行挑戰排行榜名次。

五、收集：一些熱門且有趣的遊戲訴求收集的欲望，例如《Pokémon GO》裡大家都想收集全部的寶可夢。也可以將這點視為特殊類型的次目標，每得到一個收集品就像是達成一個次目標，不過收集這個元素似乎帶來特殊的滿足感，和填字遊戲或第一人稱射擊遊戲有明顯區別。

上面這些雖說是有趣遊戲的特徵，但隨著討論主題從追求愉悅轉到追求意義，其中某些元素到了下一章還會再登場。

其實在「遊戲化」一詞問世之前很久，已經有人透澈分析過怎樣的努力能夠吸引人。米哈里·契克森米哈伊洞悉「心流」的本質，他認為所謂心流就是高度的專

注和投入，心靈完全進入當下。（原註31）

我是從《心流：高手都在研究的最優體驗心理學》這本書才初次接觸到相關概念。契克森米哈伊以多位棋士、舞者、攀岩高手的訪談為根據，在書中透過大量篇幅闡述心流究竟是怎樣的狀態。前面曾經提過心流對我影響甚深，從此之後我能分辨各種人事物能否為生活帶來滿足。（其實原本我就懂，卻不知道自己懂，《心流》助我突破盲點。）而我也十分羨慕契克森米哈伊訪問過的人，他們靠著很好的運氣與天分，能夠常常在心流狀態中度過人生。

怎麼進入心流狀態？回到金髮姑娘原則：太冷不好，太熱也不好。我們尋求甜蜜點，挑戰的分量恰到好處時，不會落於過易（會導致厭煩），也不傾向過難（會製造壓力焦慮）。此外，心流體驗通常目標明確、回饋迅速。對照上面的好遊戲特質，會發現已經符合了目標、次目標、精熟這三項。

典型的心流範例有複雜的體育（如攀岩）或心智（如寫作）活動。然而需要注意一點：儘管有些體驗會促進心流、有些體驗會妨礙心流，實際區別卻高度個人化。好比兩個人進行討論，很可能一方進入了心流狀態滔滔不絕又渾然忘我；另一方卻戰戰兢兢不知所措，又或者無聊得猛打呵欠。

心流在生活中的占比也呈現戲劇化差異。某些人即使活在充滿機會的環境中，還是沒進入過這種狀態。也有些人既來之則安之，無論何種處境都會為自己創造條件，遭到單獨監禁也不例外。契克森米哈伊認為，具有「自成目標」（autotelic）的人格特質者，也就是習慣追求自身內在目標而非外在目標的人，相較之下更容易進入心流。這種人格特質可以連結到好奇心、毅力，還有他稱為「低自我中心」的特徵，亦即焦點不放在自己身上、不那麼在乎別人評價。（無畏他人想法確實有助於沉浸和專注。）

能夠進入心流狀態的幸運兒少之又少。契克森米哈伊與中村珍妮（Jeanne Nakamura）對美國人與德國人進行調查，發現僅約兩成受訪者經常體驗到心流，並將其定義為強烈投入、失去時間感的狀態。（原註32）反觀自認從未進入心流的人多了許多，超過百分之三十三。也有研究指出，雖然不屬於心流、不具挑戰性的活動收穫甚少，例如太簡單的填字遊戲、沒營養的電視節目，卻有不少人甘之如飴不作他想。

若心流令人如此滿足，為何有些人鮮少進入心流狀態？一個癥結是起頭很難，畢竟簡單的事情做起來就是簡單，躺在沙發上比換上跑步裝備出門簡單，看

YouTube 比激盪腦力簡單。再者，進入心流以後也不易維持，所謂的甜蜜點不好捉摸。帶入機會成本理論，也就是其他活動仍舊越來越具吸引力。

而且某些活動的效益隨時間遞減。以寫作而言，一開始或許文思泉湧，可是好靈感用掉以後，下筆越來越艱辛困頓。填字遊戲也一樣，前面有找到答案的爽快，但難度增加以後就會從心流進入挫折階段。

心流很美好，卻也不好找——夾在無聊和焦慮中間，它時常只是曇花一現。

良好的生活是什麼？

契克森米哈伊認為工作是心流的重要泉源之一。不過即使他寫書的當年情況確實如此，經過三十年後恐怕不再成立。蓋洛普民調訪問一百四十二個國家超過二十萬人對工作的看法，並請大家將自己歸類到以下三種類型中：（原註33）

積極的員工：對工作有熱情，與公司之間關係深厚，致力創新並推動組織。

消極的員工：「魂不守舍」，工作的時候像夢遊，只是投入時間，沒有付出心

　　血和熱情。

反積極的員工：工作不快樂，且將負面情緒主動向外發散，日復一日扯後腿，抵消積極員工付出的努力。

調查裡只有百分之十三的人是積極者，百分之六十三覺得自己消極，剩下百分之二十四自認為是反積極的那群。一言以蔽之，非常多人討厭自己的工作。

背後原因各式各樣。不少工作本來條件就差，職場不平等與剝奪自主性等等問題顯而易見。套用大衛・格雷伯（David Graeber）[6]的說法：許多人覺得醒著就是在狗屎一樣的崗位上做著狗屎一樣的工作，彷彿自己的存在無意義、無必要，甚至是累贅。（原註34）就當下心境而言絕對無法投入工作，更遑論進入心流。眼光放遠來看，代表缺乏意義和目標。

有些工作的狗屎稍微少一些，甚至能追尋到意義。（原註35）一份調查詢問超過兩百萬人的工作，並請他們評判自己的生命意義，結果最具意義的是神職人員，再來是軍人、社工及圖書館員。這份排名很有趣，前幾名都既是獻身性質又存在一定程度挑戰，報酬不豐厚、社會地位不算高。如果想兼顧意義與金錢，最好的選擇是外

6　譯按：美國人類學家、無政府主義活動人士，對官僚主義、政治和資本主義批判強勁。

科醫生，收入和地位兩者均高，也算是頗有意義。除此之外，幾乎沒別的選項。（沒意義的工作又有什麼？餐飲準備、服務、銷售都很低。主觀評價最慘的？停車場管理員。）

問題也不單純是工作，同樣職務的兩個人反應有可能不一樣。像我覺得大學教授頗為自由、環境良好，又很有生產力，每天樂在其中，想不出更適合自己的選擇。然而這幾年我認識的人裡頭，就有三人提早辭退了頂尖大學的終身職。他們的感受和我不同，認為這份工作單調無聊，沒帶來滿足而只有挫折。

另一方面，契克森米哈伊指出，任何工作都可能變得有意義。佛教思想也認為再卑微的勞務，好比刷廁所也不例外，只要放在對的人身上就自然能產生意義與價值。艾美．瑞斯尼斯基（Amy Wrzesniewski）和珍．達頓（Jane Dutton）訪問了大型醫院的清潔工，發現他們的工作滿意度差距甚大，關鍵在於清潔工是否視自己為醫療過程的一環。（原註36）將自身工作與更高層次的目標結合十分重要，艾蜜莉．艾斯法哈尼．史密斯寫過一個故事：一九六二年，甘迺迪總統參訪國家航空暨太空總署時，和一個清潔工講上話。他問對方的工作內容，對方竟回答自己是「幫忙把人放上月亮」。（原註37）

從前面內容應該看得出來我十分喜歡心流，因為它有益心理健康、給人很大的正向回饋，也促進對我們有益的特質，例如專注和紀律。不過或許也有些人過分高估了心流。中村珍妮與契克森米哈伊曾經表示：「良好的生活由什麼要素構成？……心流研究試圖理解個人完全沉浸當下的體驗，這就是一個答案。從心流理論的角度來說，**良好的生活就是徹底投入自己要做的事情。**」（字體變化為兩人原文格式）（原註38）

可是討論良好生活的話，這個答案其實不大好，因為心流有可能發生在微不足道的事情上。我和很多人玩填字遊戲時能進入心流狀態，但生命都用來玩填字遊戲就太浪費了。而且契克森米哈伊後來在其他地方提出了另一種觀點：若只是微不足道也就罷了，真正的危險在於心流可以用在錯的地方。二戰大屠殺的主要負責人之一阿道夫・艾希曼（Adolf Eichmann）就是如此，在許多文獻對他的敘述裡找不到敵視猶太人的態度，他就只是一位專業官員想做好工作，以處理複雜且高度技術性的業務為傲。契克森米哈伊在一本書裡指出，當艾希曼「組織錯綜複雜的火車時間表，確保需要的地方都有車廂、遺體能以最低成本搬運，過程中他或許也進入了心流的狀態。他似乎從未質疑上面交代的任務是對是錯，只要遵守命令就能獲得內心

安寧」。（原註39）

由此可見心流理論有其局限。失去目標的生命還值得嗎？失去善惡與意義的生命又如何？

第五章

有意義的人生

在意義的定義裡，目標必須重要且有影響力，這代表必然會面對困難、焦慮、衝突或其他更多阻礙，因此必然伴隨了痛苦。

最棒的人類起源故事不在宗教、神話或科學裡，而是電影《駭客任務》中，史密斯幹員對莫菲斯解釋人類體驗的世界，也就是一個由惡意電腦創造的模擬世界，是如何誕生的：

你知道嗎，第一個母體原本設計出完美無瑕的人類世界。那裡沒有痛苦，只有快樂，結果卻十分悲慘，竟然沒有人接受，最後只能整批廢棄。有種說法是我們的程式語言無法表現人類心目中的完美世界，但我倒覺得人類這個物種不透過痛苦磨難就掌握不到現實。所以最完美的世界就是一個夢，讓你們原始的大腦皮質想醒卻醒不過來。

「不透過痛苦磨難就掌握不到現實」這句話十分巧妙，很多神學、哲學，乃至於數百萬次宿舍辯論賽都以此為精髓。它同時還呼應了本書的一個主軸，也就是痛苦磨難是豐富且有意義的人生之必要元素。

意義是一個很難討論的主題。物理學家沃夫岡．包立（Wolfgang Pauli）為了反駁其他科學家，曾講出一句名言：「他說的不對，甚至連說錯都談不上。」看人家闡述意義和目標，我心裡很常冒出這句話，原因並非反對那些文字，而是許多人講得朦朧空洞，根本不知道如何認真當一回事。既然本書也嘗試切入這個領域，我就試試看能否提出就算不對，但至少談得上錯的論述。

首先以登山[1]為例。

人類行為的動機

如果有智慧的外星生物開始觀察地球人，他們會發現人類的很多行為並不難理解。性交、飲食、休息、養育子女、結交朋友等等都很正常，透過天擇演化的生物具備這些特徵理所當然。然而本書談到的一些事情或許會令它們感到困惑，比方說BDSM、恐怖片、馬拉松。觀察到後來，外星人可能會忍不住問：什麼動力促使人類偶爾會做出危險又困難且看不出用處的舉動，例如爬上聖母峰？

說穿了，地球人自己也不明白原因。最經典的回答是喬治・馬洛里（George Mallory）[2]說的：「因為它就在那裡。」這個答案有趣就在於實在太爛了。世界上什麼東西不是就在那裡？但這句話後來被收進二十年前經濟學家喬治・洛溫斯坦

1　譯按：此處登山原文為mountaineering，通常指包含高難度地形與天候的活動，而非踏青、郊遊、健行之類的輕度休閒。
2　譯按：英國探險家，攀登聖母峰途中喪生。

（George Loewenstein）一篇優秀文章的標題裡；標題全文是「因為它就在那裡：登山之難，難以藉效用理論進行分析」。（原註1）

「效用」（utility）這個術語表達人類從貨物及勞務中得到的滿足。洛溫斯坦首先指出，早在十八世紀，也就是邊沁的年代，社會對於人類的滿足從何而來就有相當多的討論。後來經濟發展，大眾對心理的興趣衰微，轉而注重如何以效用詮釋經濟行為，結果在洛溫斯坦看來，「解釋的心理機制差不多只有：人會選擇自己喜歡的東西。」（原註2）他寫文章的目的之一是重燃經濟學界對效用本質的興趣，選擇以登山作為個案研究的主題。

若邊沁還在世，會對登山的效用提出什麼看法？雖然有人誤以為他是頭腦簡單的享樂主義者，實際上他的論述很有深度。（原註3）邊沁確實談了感官愉悅，但在他看來那只是效用的層面之一。他並沒有漏掉抽象形式的滿足，像是（以他的用詞）技能、名聲、權力、出人頭地、虔誠、善與惡。

登山這件事的效用只能說很不明顯。感官愉悅一開始就出局了。洛溫斯坦閱讀了正式的登山紀錄（他將極地探索也算在內），結論是「過程充滿煎熬痛苦」。（原註4）登山者的日誌與手札確實常有「嚴寒（導致凍傷、失去肢體或致死的低溫）、力竭、雪盲、高山症、失眠、衛生條件不佳、飢餓、恐懼」等字眼，也時常處於食物匱乏的狀態。除此之外，還有無聊。「通常上山期間的多數時候，是在麻木心智的單調活動中度過，比方說天候惡劣時得一群人擠在狹窄悶臭的帳篷內連續好幾個鐘頭。」登山時氣氛擔懼焦慮也是合理，畢竟許多人千辛萬苦以後還落得傷殘或喪命。

洛溫斯坦撰文時採用登山者的親身報告，後來也有幾部不錯的紀錄片和重演紀錄片可以參考，包括《聖母峰之死》（*Into Thin Air*）、《挑戰極限——聖母峰》（*Everest*）、《北峰》（*North Face*）、《攀越冰峰》（*Touching the Void*）等等，內容都與他所描述的吻合。就算故意把故事停在情節急轉直下前，跳過登山者毀容、失去腳趾或死亡的部分，前面過程依舊不符合一般人所謂的樂趣。登山真的是折磨自己。

其中是否有社會連結的愉悅，譬如歸屬感、友誼、愛情之類？某些條件嚴苛的活動確實能激發向心力，一起苦過熬過的人才能建立那種強大的連結。儘管大家都說戰爭可怕，但戰爭故事常常以社會連結、同袍情義作為正向主題。不過這一點似乎不適用於登山。除了有可能因呼吸困難或長時間消耗體力導致大家少交談，實際上登山者也將自身經驗描述為孤獨且孤立。有些案例提到好幾天，甚至好幾星期沒人講話，還有爭吵後未曾和解、懷著怨懟分道揚鑣。

想要解釋登山有何效用，邊沁所謂的好名聲比較有希望。幾年前我去康乃狄克州一座大體育館看兒子參加攀岩比賽，留意到一位年輕小姐甫入場便好比眾星拱月，原來她不久前登上聖母峰，大家都想聽聽她的故事。若是世上第一人，反應豈不更熱烈？這類活動的一個好處是得到他人敬重，原因顯然和困難、風險與能力相關。如果爬上聖母峰輕鬆寫意，想必爬上去了也沒人在乎。

然而以博取聲望作為動機令人羞於啟齒。洛溫斯坦曾經觀察登山者如何講述征服名山的計畫，發現他們鮮少承認自己追求的是功名。極地探索也有類似現象，多半打著科學或人道的大旗，但洛溫斯坦諷刺地說，大公無私肯定只是個形象包裝（我認為他說得對）。

學術界也有類似現象。以我這個領域來說，得大獎的人發表感言時，總是說自己很開心能繼續鑽研、支持優秀學生與同儕的研究。但人類做事的動機很少如此純粹，不信的話多加留意：科學界和登山界一樣，常常為了誰先誰後爭得面紅耳赤。

進行登山這類活動，另一個動機是對自身能力的好奇。（原註5）洛溫斯坦指出，就像名聲一樣，從這個角度切入更容易理解登山者為何願意承受種種艱苦：「因為登山不簡單，所以能凸顯人格特質。行程目的很大一部分是測試極限，痛苦不適正好作為對自己的考驗。」

人類對自己一直很好奇。如果你也做過線上智力測驗，或者嘗試過邁爾斯・布里格斯（Myers-Briggs）性格分類法看看自己是十六種裡的哪一種，又或者你測試過自己是哪一個漫威超級英雄，想必能理解我為什麼這樣說。我很敬仰的作家羅珊・蓋伊（Roxane Gay）也在推特說過自己做了網路測驗，主題是藉由人在速食店挑選什麼三明治食材來推算出真實年齡。

「認識自己」[3]的確睿智。譬如一個人性格怯懦，他要先知道自己是這樣的人，才懂得避開需要勇氣的場合。睡不飽或吃不飽容易脾氣暴躁的人，同樣可以藉此警惕自己。關於我們自己是如何，其實有很多層面如果我們只是坐在家中根本無從得知。日常生活很少有機會考驗到我們面對死亡危機時是否能夠拿出勇氣、是否有足夠毅力熬過生理上的苦痛。想測試自己的極限、確認自己韌性好壞，登山這類活動確實是很好的選項。

但事情也沒有這麼簡單。想知道自己多強壯，去舉重就有個答案。如果想知道

3 譯按：原文 know thyself，相傳為刻在德爾斐阿波羅神廟的三句箴言之一。

自己多慷慨呢？去遊民收容所當志工，試試看能夠撐多久？這可不行，一旦用這種形式測試善心，花在收容所的時間所反映的就不是對遊民的關切，而是對自己有多好奇（或對自己的懷疑有多深）。有部電視劇《良善之地》（*The Good Place*）將這個題材發揮得不錯，劇中人物為了不被永遠流放地獄而努力行善，弔詭之處就在於既然心裡知道做好事能得救，動機就已經受到玷污，於是那些行為都不算是真心向善。

不只善行面臨這樣的兩難。如果我挑現場最大個兒的人打一架，表面上是證明了自己強悍；但如果我是為了證明自己而採取這種行動，代表我不但不強悍，反而十分缺乏安全感。因此以登山來考驗韌性，有可能反映出內心的自我懷疑，而不是勇氣或渴望冒險。（原註6）

更何況攀爬聖母峰極其昂貴又耗時，還充滿無數困難危險。付出這麼多只是為了瞭解自己，還是與日常生活沒太大關聯的層面，真的值得嗎？

一個相關說法是，人類會想要擺脫對自身的疑慮、證明自己給自己看，又稱作「自我訊號」（self signaling）。然而大費周章只交換到一丁點好處這個問題仍舊沒得到解釋，反倒引發更多困惑。假如你很有把握能夠成功登山，非常好，那麼你就沒必要真的登山來發送自我訊號——畢竟你不是已經有把握了嗎？而如果你沒把握，這樣的自我訊號就有點蠢，因為傾盡全力以後可能不是得到自信，反而是瞧不起自己。

最後，想像一個情境：某個人接近山頂了，卻因故一定得回頭。整個登山過程已經證明了勇氣、耐力等等優秀特質，他能滿足了吧？可惜並不會，他仍舊要大失所望了。達成目標忽然變得至關緊要。

戰爭的魅力

達成目標、成功攻頂[4]的欲望是洛溫斯坦接下來提出的可能解釋。登山者表示，想要完成整個過程的渴望有時候難以壓抑：行程一開始，為了安全起見通常會設定返回時間，時間到了無論走多遠都得回頭。然而這個保險措施在他們快要接近目的地時會逐漸失守。目標看似就在眼前，已經投入大量時間心血、忍受諸多痛苦，很多登山者根本沒辦法依照預訂計畫行事。洛溫斯坦發現，這樣的不肯回頭導致許多死亡案例，包括轟動一時的一九九六年聖母峰七人死亡事故。

4 譯按：原文 bag the peak，與中文「攻頂」接近，然而亦有人認為「攻頂」侵略性太重，倡議以中性的「登頂」取代。

無論追求名聲、給他人或自己一個訊號，都和專注於目標沒有衝突。連上一章談到精熟技術和心流的美好也與此有關。目前能統合出的答案主要是：人類想登上聖母峰，因為這是值得追求的目標。

但這句話與「因為它就在那裡」沒差多少。「值得追求的目標」到底是什麼？可能的答案是「有意義的目標」，結果還是兜圈子。有意義的目標又是什麼？為什麼登上聖母峰有意義，爬辦公大樓的樓梯就沒意義？（不是難度的問題，上下樓梯一千次也很艱難，我們卻只覺得蠢，不覺得有意義。）更何況，意義究竟是什麼意義？

我們也可以從其他所謂有意義的追求來釐清這個脈絡。你可能不想登上聖母峰，但你或許會想從軍。不少人有從軍的念頭，尤其是年輕男性。投身戰場的副作用非常明顯，犧牲很大、與親友分離、死傷風險高等等。即便如此，它仍有難以抗拒的吸引力。

對於上戰場，每個人的直覺反應不同。有個故事我一定要分享。某一次我去進行校園演講，前來接機的人出身哲學系，我們聊天話題慢慢轉移到戰爭的道德性。對方是一位母親，她表示若自己兒子被國家徵召、不得不上戰場的話，她會非常難過。我提起自己也育有兩子，附和說（當時以為是共識）要是兒子戰死沙場的話就太悲慘了。結果這位女士卻回答說：自己兒子死亡，與自己的兒子殺死別人的兒子，她不確定哪一個比較慘。

我聽了很訝異。對我而言，若得知自己兒子被殺死，已經是我所能想像最糟糕的情況了，但聽聞自己兒子殺人的話……唔，我不知道，或許得考慮別的條件。兒子是否因此精神受創？什麼情形下動手？出於勇氣，還是單純殘酷嗜血？是攻打恐怖分子基地，還是聽命令屠戮孩童？最後我告訴她：無論什麼前提，我還是覺得自己兒子死亡比起他殺了別人更糟糕。這位哲學家不同意，認為殺人會對兒子造成負面轉變，在她看來那是比人死了還惡劣的結果。

的確，親手殺人那種體驗能從根本上改變一個人。（原註7）可是對很多人而言，這就是戰爭吸引人之處。來看看至今活躍於社交媒體的名作家喬伊斯・卡羅爾・歐茨（Joyce Carol Oates）一次頗受爭議的推特發文：

關於伊斯蘭國的資訊只呈現墨守成規與嚴刑峻法那一面。難道他們毫無優點，沒有任何可觀之處？還是連問都不該問？（原註8）

可想而知許多人留下憤怒的文字。談論惡的魅力會引起大眾不滿。然而歐茨的疑問不僅很合理，還很重要。羅斯・杜塔（Ross Douthat）為其辯護時就指出：「那些年輕戰士裡，至少有一部分人是受了感召才加入。要是連這點都不肯面對，我們距離理解伊斯蘭國就還非常遙遠。」（原註9）

而若論其吸引力，部分就在於歸屬感。伊斯蘭國在歐洲招募新人時往往鎖定新進移民，他們多半還沒交到朋友又和家人分離。人類都渴望得到某個社群擁抱並融入其中，身邊沒人陪伴時更是如此。

除此之外，伊斯蘭國這種組織以超越俗世為號召，將痛苦與剝奪詮釋成是為了追求至善。我朋友格雷姆・伍德（Graeme Wood）是個記者，針對伊斯蘭國做了很多報導，曾經訪談新舊成員並集結成書。根據他的整理，很多人參加組織的當下處於生命的疲憊階段，放縱性愛或藥物卻只得到空洞的愉悅。（原註10）這些人終究會感覺匱乏，因而需要尋找更高層次的價值。

我知道如果主張說希特勒是對的，確實很奇怪，但喬治・歐威爾（George Orwell）評論希特勒的自傳《我的奮鬥》（*Mein Kampf*）時，解釋了國家社會主義的魅力是什麼：（原註11）

希特勒……明白人類要的不只是舒適、安全、縮短工時、衛生良好……還需要奮鬥與自我犧牲，至少偶爾如此。社會主義對人民說的是「我給你們好日子」，資本主義話說得不好聽但意思其實沒兩樣。只有希特勒出來說：「我給你們奮鬥、危險和死亡。」然後整個國家就拜倒在他腳下了。

實際上加入伊斯蘭國組織的人很少，以現在社會形態而言，多數人也不從軍。但這個需求透過幻想創作變相實現了。文化評論者時常忽略電玩市場有多大，戰爭主題更是其中佼佼者。《決勝時刻》（*Call of Duty*）系列售出超過兩億五千萬份，創下一百五十億美元的成績。（原註12）這類型的遊戲之所以受歡迎，原因就在於它們確實搔到癢處。

很明顯戰爭的魅力不只如此。除了剛才提到的歸屬感，戰爭還有一種強大的道德吸引力：保護自己所屬的團體並對敵人展開反擊。（美國經歷九一一事件之後，這種情緒更加強烈，入伍人數大幅提高。）此外，自願入伍是絕佳的訊號，強烈宣傳了自身的勇氣與忠誠。再者，不談這些因素，軍旅生涯也是認識自我的絕佳機會。有些人是上述種種動機混合，但也有像亞當・崔佛（Adam Driver）的案例。

接受《紐約客》雜誌訪談時，他說起自己當演員之前為什麼會加入陸戰隊：（原註13）

他強烈渴望體能挑戰，而陸戰隊就是最嚴酷的環境。「我差點熬不過去，裡頭的氣氛就是『自願進來也沒有優待，我們是最硬漢的軍隊，別妄想能像待在海軍和陸軍那樣輕鬆。這裡就是**苦**。』」因為他入伍的決定太過突然，軍方招募人員還先詢問他是不是想藉此躲避通緝。

除了歸屬感、道德感、發送訊號，戰爭還有其他吸引人之處。克里斯．赫吉斯（Chris Hedges）就給自己的書下了段標語：「戰爭是賦予人類意義的力量。」

生兒育女的意義

或許前面兩個案例討論沒能挑起某些人的興趣，畢竟不是誰都會想要登山，更不是誰都想上戰場。那生養小孩呢？

這個選擇之沉重，在人生中名列前茅。心理學與社會科學都嘗試分析其中利弊。許多研究顯示，若單純從享樂主義切入，結論是生兒育女有害無益，別生比較好。文獻顯示，為人父母以後的日常生活並不愉悅，孩子還小的時候尤其如此。丹尼爾·康納曼團隊在一次研究中找到九百位職業婦女進行調查，請她們每天報告自己進行什麼活動、過程中是否快樂。（原註14）結果比起陪小孩，這些媽媽無論看電視、購物或備餐都更開心。另有研究指出，小孩出生後，雙親快樂度都會下降（原註15），而且持續很久無法回復，伴隨婚姻滿意度滑落，得一直等到孩子離家後才會好轉。（原註16）因此丹尼爾·吉爾伯特說：「空巢症候群[5]的唯一症狀是笑容增加了。」（原註17）

有了小孩，尤其是兒女年紀尚幼的階段，對父母而言就是支出大增、睡眠縮短、生活充滿壓力，媽媽還得承受懷孕與哺乳帶來的巨大不適。為了孩子，伴侶開始爭吵誰睡覺休息、誰上班、誰顧小孩，和樂的關係可能淪為一場零和遊戲。珍妮佛·辛尼爾（Jennifer Senior）指出，夫妻或情侶間最常見的吵架原因其實是小孩，「比起錢、工作、姻親、個人習慣不良、溝通方式、休閒活動、感情忠實與否、麻煩的朋友或性事這些都更有得吵。」（原註18）不理解的人，花一整天時間陪陪愛耍脾氣的兩歲小孩（或彆扭的十五歲青少年）就會明白。

不過心理學常有個現象：初期研究提供清楚有趣的議題，例如「生育子女使人

5　譯按：指孩子成長離家後父母經歷的身心轉變。

不快樂」，後續研究卻發現事情真相其實複雜得多。一方面，快樂的事因人而異。(原註19)一項研究注意到，「老來得子」的父親快樂度其實會飆高，年輕家長、單親家長則無論性別都出現快樂度嚴重下降的結果。此外，原始數據都是美國資料，後來又有研究針對二十二國有無子女的不同族群做調查，發現子女對快樂程度的影響取決於當地育幼政策，例如是否提供有薪育幼假。(原註20)舉例而言，挪威和匈牙利的父母比起沒小孩的情侶還快樂；相對的，澳洲與英國則否。有小孩以後最不快樂的國家？還是美國。

有小孩導致某些人快樂、某些人不快樂，還有許多人介於快樂和不快樂之間，背後因素眾多，包括父母的年紀、性別、居住地區。而且還有一個更深的未解之謎：很多人只要放棄孩子就能生活得更快樂、婚姻更美滿，後來卻表示養育子女是人生重心，是他們做過最有意義的事情。他們為什麼不後悔？

一個可能性是記憶扭曲。人類衡量過去經驗時通常只會記得過程的高潮處，其餘百分之九十九的平淡煩悶都會忘記。記憶有選擇性，(原註21)篩選標準就是本書前面談過的對比。珍妮佛．辛尼爾詮釋道：「面對研究人員，當下的這個我會認為與其照顧小孩，我更喜歡洗碗、打盹、購物、回電子郵件……然而一旦開始回憶往事，說法就不同了，回憶的那個我會對研究人員表示，孩子帶來很多幸福，別的人事物難以相提並論。這種幸福不屬於日常生活，需要去思考、憶起與喚醒，而生命故事本身就是由回憶構成的。」

這種說法頗有道理，我個人也不反對。不過在此我想要提供另外兩個能解釋人們不後悔成為父母的理由。此處依舊採取動機多元論，因為兩種理由並不符合一般定義下的快樂。

首先，是情感依附。多數父母深愛子女，所以他們很難對別人或自己承認，若孩子消失反而更開心。何況說不說得出口也不是重點，孩子的存在**確實**讓父母快樂。畢竟這就是愛。

於是人有可能會處在很微妙的位置上：明知道某件事情會造成自己不快樂，卻又很想要去做。基蘭・塞蒂亞（Kieran Setiya）在《重來也不會好過現在》（*Midlife*）一書中深入闡述這點。（原註22）借用德里克・帕菲特（Derek Parfit）的舉例加以修改後，他請讀者想像一個情境：你與伴侶想在特定年齡區間內生育子女，但是你們得知這麼做的話後代會罹患不致命卻嚴重的疾病，例如慢性關節疼痛。假如願意等，等自己和伴侶過了那個年齡區間，生下的小孩便不會得病。無論原因為何，你選擇不要等。小孩長大了，你很愛他，雖然他過得有點辛苦，但也對生命感恩。此時，你會後悔自己當初的決定嗎？

這是個複雜的問題。小孩能健健康康當然再好不過，但若選擇等待，出生的便不是現在這個孩子。當初的選擇也許錯了，卻是一個人不會後悔的錯誤。我們對某個人的情感依附強烈到足夠抵消生活品質降低，父母對子女的愛代表這個選擇有獨特的價值，超越了對自身快樂的衝擊。

另一個可能的考量，是心理學家與家長對話時，雙方的思考不在同一條線上。我說兒子是人生最棒的事情，指的並不是他們在日常生活給我帶來什麼愉悅，也不是小孩對婚姻關係有什麼幫助，而是描述更深層次的心理狀態，與滿足、目標、意義有關。

不只是我，去問問任何人：「你有思考過人生的目標和意義嗎？」（原註23）或者，「總體而言，你此時此刻做的事情對自己有多重要？具有多大意義？」研究顯示，就生命意義而言，有子女的人會比無子女者來得高，無論父親或母親都一樣。本書開頭提到鮑梅斯特團隊針對意義與快樂做過調查，他們發現人們花越多時間照顧孩子，生命意義就越高——但這些受訪者並未表示生活更快樂。（原註24）

如同登山和戰爭，生育子女這件事情和快樂之間未必有關，但很可能促進了人生的意義與目標。作家查蒂．史密斯（Zadie Smith）說得比我傳神太多，她形容有小孩就是，「恐慌、痛苦和喜樂三者奇妙地摻在一起。」（原註25）

不只查蒂．史密斯，所有認真思考這件事的人都提出一點：情感依附太過緊密有其風險。「你深愛伴侶，兩人一起體驗過真正的喜悅。但對方最後必然逝去，這樣的夢魘還不夠糟糕嗎？為什麼得再拉個孩子進來？如果失去孩子，豈不像是失去全世界？」但若失去孩子就像失去全世界，代表有個健全快樂的孩子能作為其反面，聽起來又太美妙了。

意義是活出來的

看了幾個有意義的例子之後，現在該來探究它們之間有何共通點，又與痛苦存在何種關係。然而在此之前，還有個很重要的區別值得探討。

哲學家卡繆在《薛西弗斯的神話》一書裡說道：嚴肅的哲學問題只有一個，就是人該不該自盡。（原註26）他認為這是哲學問題，因為牽涉到人生究竟有沒有過下去的價值，也進一步連結到生命的意義。換言之，生命意義是一切的關鍵。

不過卡繆的意思並不是或至少不應該是人類必須先對生命意義有一個**明確**的答案才能活下去。有些長輩從年輕到老都活得十分精彩，問他們生命意義這件事只會換來對方的白眼。不思考這個問題也能活得很美好。

但並非所有人都同意這樣的觀點。某些哲學家認為若未質疑生命的意義，就不可能活得有意義。凱西．伍德林（Casey Woodling）在著作中說：「生命的意義與重要性來自反思與反省。我們必須跳脫日常，採取不同視角思考生活，否則就找不到意義和重要性……就像蘇格拉底也說未經審視的生命不值得活。我想更進一步主張，未經審視的生命不具意義。」（原註27）

我贊成人要內省，但又覺得上面的論調過分極端。現在請想像兩個人：珍妮將自己的心力投入各種具挑戰性的大計畫；她的親人朋友很多，而且她也盡可能從事改善社會的行動。然而她從未深入思考人生意義，可能因為實在太忙了。另一位是莫菈，她靠父母留下的遺產生活，時間耗在菸酒、大麻與網路，愛看 YouTube 或在推特上罵人，但空檔時常常思索自己的人生有何價值。

按照伍德林的邏輯，珍妮的生活方式雖然在多數人眼中更有意義，卻比不上莫菈。至少我個人無法認同這一點。生命意義至少有一部分是建立在個人的實際行為，以及對他人的影響上。

因此我立場與某些學者不同，並不擔心大家太少思考生命的意義。艾蜜莉・艾斯法哈尼・史密斯曾經談到《美國大一新生調查報告》（*American Freshman Survey*），其中一項結果是一九六〇年代後期，有高達百分之八十六的受訪者表示，「發展有意義的人生哲學」是「必要」或「非常重要」的，但到了公元兩千年以後，比例降到四成。（原註28）她十分失望並視之為噩耗，對此我倒沒有同感。這種數字雖然有可能反映出新生代對人生意義缺乏興趣且不投入，卻也有可能只是不那麼自我本位，選擇將精力放在實際體驗生活而非吾日三省吾身。我自己有不少哲學家朋友，他們時常談論關於意義與目標這類深刻話題，雖然我很愛他們，卻不覺得他們優於旁人，說他們過得特別有意義好像找不出道理。

總而言之，就算不特別致力也不花時間思考，我們還是可以活出人生意義。在此可以用運動來類比：大家喜歡用上網或吃東西來打發時間，但若願意起身跑步、騎車、舉重的話，雖然過程辛苦卻對身心有長期裨益。（雖然只是舉例，但也都是事實。）如果我要寫一本書提倡運動，就會引述很多實驗佐證有運動習慣的人更健康，運動真的對人有好處。

可是實際在運動的人未必有一套邏輯嚴謹的運動理論。他們很可能並不清楚意識到運動對自己有好處，最喜歡的事情也不一定是運動，說不定活了大半輩子沒思考過這個問題。最顯著的是幼童，他們常常精力旺盛、活潑好動，但不特別思考行為背後的價值。

放在意義是同樣道理。有些人努力追求人生意義，我也相信他們能活出一片天。但不特別思考意義的人並不處於劣勢。愛登山的人對自身嗜好很可能提出截然不同的說法，也有些愛運動的人一直相信錯誤的運動理論。

我講了這麼久的意義、追求意義、有意義的生活，如果讀者以為本書能回答「生命的意義是什麼？」很可惜要讓大家失望了。討論生活中有意義的追求、有意義的體驗還辦得到，但那個大哉問在我看來並沒有單一的解答。

說到這兒，我想起道格拉斯．亞當斯（Douglas Adams）在《銀河便車指南》（*The Hitchhiker's Guide*）裡講了個故事：幾百萬年前，別星球的科學家打造了超級電腦以探索「生命、宇宙及萬事萬物的終極答案」，電腦也真的給出答案——四十二。那些科學家氣炸了。

「四十二！」倫夸爾大叫：「花了七百五十萬年，你就給我們這種東西？」

「檢查得十分完整，」電腦回答：「答案確實如此。老實說，我認為癥結是你們自己並不真正明白問題的意思。」

「這是至上的問題！是關於生命、宇宙及萬事萬物的終極謎團！」倫夸爾吼道。

「沒錯。」深思[6]的口吻彷彿看傻子笑話：「但它究竟是什麼意思？」

眾人錯愕沉默，先瞪著電腦，接著面面相覷。

「不就是……**一切**……全部……」匏奇格小聲說。

「沒錯！」深思回答：「等你們瞭解問題本質，就能領悟答案的意義。」（原註29）

故事結局是這群外星科學家又打造了另一臺電腦來理解問題究竟是什麼。但我和亞當斯的想法不同，我不認為有必要釐清這個問題。就像「不笑的時候酒窩在哪裡？」或者路德維希・維根斯坦（Ludwig Wittgenstein）問說：「太陽上面幾點鐘？」有些場合是問題本身不夠好。

努力回答傻問題也只能得到不滿意的答案。哲學家提姆・貝爾（Tim Bale）說：「生命的意義就是尚未死亡。」（原註30）他指出活著這個現象就足夠賦予生命意

6　譯按：「深思」是故事中超級電腦的代號。

義，好比只要不缺課就能得到嬉皮教授給高分。我個人很難想像有人滿足於這種答案，它比起四十二並沒有好太多。還有不少哲學家直接說生命根本沒意義，恐怕同樣無法服眾。他們的說法有點像是問腳踏車會不會憂鬱症，答案就是不會。乍看之下邏輯無誤，但更好的答案是憂鬱症本就並非腳踏車能有的狀態。腳踏車原本就不會憂鬱，生命也原本就不是非得有意義。

這裡又必須再細分：「生命的意義是什麼」這種問題對某些人而言答案再直白不過。先來思考「意義」這個詞代表什麼。當我們詢問某個句子、沙地上的奇怪符號或者撲朔迷離的信件是什麼意義，通常我們想知道的是目的。從這個角度出發，有些人相信世界是神的造物，生命的意義是神為什麼創造我們、對人類有何安排。由這個族群來解釋生命意義，他們會真心誠意請大家讀聖經、妥拉或古蘭經，因為他們認為答案就在裡面。

但撇開超自然造物主的時候，我們就得放棄「生命的意義是什麼」這樣的問題。維克多・弗蘭克將這點解釋得很好：（原註31）

如此籠統的提問，好比詢問全球第一的棋手：「請教大師，世界上最精妙的一步棋該怎麼走？」根本沒有所謂的最好，甚至沒有所謂的好，一切取決於棋局獨特的狀況和對手獨特的性格。人類也一樣，沒必要追尋生命意義這樣抽象的東西，每個人都有自己的感召和使命，以自己的方式去圓滿。

目標必須重要且有影響力

每個人都會判斷各種活動有意義與否。本書以各種心理學研究作為依據，結果也顯示人類按照各自的意義標準對活動與體驗做出評判，同時清楚認知自己的生命有多大意義。很多人同意濟貧能增進生命意義，沉溺於網路或大麻則否。我們還能夠對何謂有意義的體驗高談闊論，嬰兒誕生很有意義，以為甜甜圈吃光了卻發現盒子裡還有一個就沒那麼重要。

區辨能力催生了人類的行動方針。以意識研究為例，這個主題非常複雜難解，但研究者可以從區別有意識和無意識切入，好比說正在讀這本書的你應該是有意識的，陷入昏迷的人大概就沒有意識。另一種區辨方式是有意識的體驗，例如讀書，以及無意識的體驗，例如腳穿著鞋子或踩著地板。（讀到這裡你可能會主動去感受，但兩秒之前應該沒有明顯感覺。）

同樣策略能用於理解我們平日對於意義的直覺。我們可以提出問題：有意義的活動或體驗，如何與無意義者劃分開來？很多人確實這樣問了。

艾蜜莉・艾斯法哈尼・史密斯發現早在一九三二年，精通歷史和哲學的威爾・杜蘭（Will Durant）便與當代許多名人討論過生命意義，對象包括甘地、瑪麗・伍利（Mary Woolley）、孟肯（H.L. Mencken）等等。他將得到的答案彙整為書，書名是《論生命的意義》（*On the Meaning of Life*）。（原註32）大約五十年前，《生活》（*Life*）雜誌複製了這場盛會，號召如達賴喇嘛、羅莎・帕克斯（Rosa Parks）、露絲博士（Dr. Ruth）、約翰・厄普代克（John Updike）、貝蒂・傅瑞丹（Betty Friedan）、尼克森總統等超過百位深具社會影響力的人物回答同一個問題。剛才我特別提醒過未必要拘泥在問題的字面形式（「生命的意義」），這些討論得到的答案多半就針對有意義的活動是什麼，其實更接近大家追尋的答案。

史密斯詳細讀了名人們的回應，做出以下總結：

杜蘭收到的信件、《生命》雜誌所做的訪談裡有各式各樣不同的答案，反映出受訪者獨自的價值觀、生命經驗與人格特質。然而仍有些宗旨反覆出現。他們解釋賦予生命意義的要素時，多半敘述與旁人正向的連結、尋找值得投注時間的目標。他們提及能夠幫助他們瞭解自己與世界的敘事，以及超然的奧祕體驗。

史密斯著有《意義：邁向美好而深刻的人生》（*The Power of Meaning*）一書，內容主軸就是她由此得到的四個主題：

歸屬感：與別人的連結
目標：找到值得的事物
故事：為生命建立秩序的敘事
超越：超然的奧祕經驗

還有其他命題與此相關。（原註33）麥可・史德格（Michael Steger）回顧心理學文獻後發表了幾篇論文，提到有意義的活動的三個特徵，與史密斯的觀察很相近：

脈絡：前後一致、融於敘事
目標：方向明確
分量：具有價值及重要性

喬治・洛溫斯坦與尼可拉斯・卡爾森（Niklas Karlsson）在〈超越邊沁：尋找意義〉一文中也提出他們判斷的標準，包括：（原註34）

對目標的決心：釐清自己的志向
將自我擴及世代及人群：與更大群體或前後世代建立連結
詮釋個人生命：為人生創造一段敘事

三個版本不謀而合。

在我提出自己的版本之前，想請讀者一起先暫停下來，想想現在討論的重心究竟是什麼。我們並非在森林裡發現什麼奇怪的新物種、要猜測其生活習性，而是針對已知概念進行探究，所以不會跳脫大眾思維。人類會判斷意義有無是既定前提，接下來要做的是拆解意義，明瞭它的構成因子。之所以要這樣做，是因為根據人類的定義，目標與事件具有意義，也就具有價值。

將種種意見整合以後，我心目中有意義的活動是這樣的：

> 有意義的活動具有目標，若達成這個目標會對世界造成影響，通常意指能夠影響他人。這個活動在個人生活中占有足夠分量，並具有一定結構，因此能夠形成故事向外傳達。有意義的活動常和宗教及靈性相關，也常引發心流的狀態（因此體驗到超然的感受）、促進與旁人的連結、多半表現出崇高道德——但這些屬於附加因素，並非必要。

我同意史密斯的觀點：超越性很重要。或者換個方式說，靈性與宗教都是有意義的追求，所以下一章會花很多篇幅討論。然而這並非必要元素，即使停留在凡塵俗世一樣能得到意義。攀登聖母峰的人、養兒育女的人、獻身對抗某某帝國的人，或許他們是堅定的無神論者，心中毫無超自然信仰。本書序言便引用了格蕾塔．童貝里的推特：

在我發動罷課之前，整個人精神渙散，沒朋友也不與人講話，獨自窩在家中，還罹患進食障礙。但現在全好了。在這個有時看來膚淺空虛且對許多人來說沒有意義的世界中，我已經找到自己的生命意義。

我不確定童貝里本人是否認為這段話帶有靈性要素；沒有的可能性很高。儘管如此，她的努力對人類很重要，大家都感受得到——這就足以證明其意義。

史密斯提到另一點是歸屬感，我同意多數有意義的活動會促進與他人之間的連結，也符合洛溫斯坦與卡爾森指出的「擴大自我」。不過這點也並非必要才對，一些有意義的追求只需要自己。艾力克斯・霍諾德（Alex Honnold）獨攀酋長岩是個很好的例子，雖然有攝影團隊跟隨，但應當與他的目標無關。根據霍諾德本人的說法也會感受到他更習慣單槍匹馬。還有安德魯・懷爾斯（Andrew Wiles）花了許多年獨自證明費馬最後定理（Fermat's Last Theorem），包含我在內許多人認為意義重大，但過程很明顯沒什麼社交互動。

道德呢？許多有意義的追求符合道德。不過再次看看阿道夫・艾希曼，也就是希特勒「最終解決方案」的幕後推手。他投身的計畫對數百萬人造成衝擊，而且是極其負面的衝擊。我們或許很難形容他做的事情「有意義」（畢竟這個詞通常很正面），但若根據前述原則，我很難加以排除。換個不那麼辛辣的例子，攀登聖母峰也有很多人認為是重要且值得的，但我想登山者自己也未必覺得這件事情有何**良善**可言。

我對意義的想法與多數分析方向一致，圍繞在重要性和影響性上。然而這兩個詞語本身就很曖昧。某些行為幾乎所有人都認為沒意義，譬如吃餅乾；有些行為幾乎所有人都會讚嘆，比方說一生都奉獻給終結世界饑荒。問題在於這兩種極端之間的範圍太大，一個人覺得有意義的事情，另一個人未必看得上眼。再回頭看看原本的例子，登山、戰爭、生育後代，都算是符合標準，目標有影響力（這一點就登山來說比較模糊，不過登山者自己倒是沒有疑問），是長時間的過程，包含一系列事件，而且也具備敘事結構。至於額外的元素，這三個活動只符合一部分：都有社會互動，也都有道德價值（登山又要敬陪末座），宗教可以存在於這三個活動但並非必要。

應該有人留意到了——痛苦並非意義的指標。但在意義的定義裡，目標必須重要且有影響力，這代表必然會面對困難、焦慮、衝突或其他更多阻礙，因此必然伴隨了痛苦。一個人選擇生孩子、上戰場或攀登高山時未必希望或喜迎痛苦，可是過程中絕對少不了它。

有意義的體驗

說完了有意義的追求，別忘記有意義的體驗。在此標準可以降低一點了。有意義的體驗除了比較被動，也無需特定目標，關鍵似乎是能在某個層面對自己造成轉變。這種變化可以如生育後代那般巨大，也或許不那麼轟轟烈烈，就只是個好的故事。與有意義的活動一樣，一段體驗是否有意義跟程度相關。

近期有研究請受訪者回想自己最重要的經驗（一份問卷針對過去一年，另一份則針對過去三個月），並要他們用一段話加以描述，再給出意義評分，從零（「毫無意義的經驗」）到十（「自己所能想像最有意義的經驗」或者「任何人所能想像最有意義的經驗」）。最後也請受訪者對體驗是愉悅或痛苦做說明。

結果顯示，最有意義的事件多數落在兩極，不是非常愉悅就是非常痛苦。（原註35）極端的事件才容易在生命中留下痕跡。

與此相仿，喬治・洛溫斯坦訪談登山者，他發現一部分經歷最慘痛的人反而體驗最正面。一九五〇年代，莫里斯・埃爾佐（Maurice Herzog）參與第一支想登上安納布爾納峰的隊伍，並因此失去好幾隻手指和腿上幾塊肉，然而後來他卻表示，經歷這種磨難「為我帶來圓滿自己才能有的自信和寧靜，使我接納了以前不能接受的事情，感受珍貴的喜悅。嶄新燦爛的生命大門在我面前敞開。」貝克・威瑟斯（Beck Weathers）熬過聖母峰上一夜暴風雪以後失去雙手和面部大半，卻說：「用雙手換來家庭，在我看來挺划算的。」於是洛溫斯坦打趣道：「失去身體部位似乎有助於生命意義。」（原註36）

雖說實際上沒有人刻意想要去體驗登山者遭遇的慘況，我們卻常常主動追求比較輕微的負面體驗，一部分是為了經歷轉變，另一部分則可能是為了做好事前準備。這樣形容或許有點好笑，但人類將負面體驗存檔，以便未來需要時就可以讀取。為此我們甘願受苦，或至少放棄愉悅。如哲學家塞內卡（Seneca）所言：「難以承受的，記起時才甘美。」

不少有趣研究探索這一點，其中一項給受訪者的選項包括：

* 因為等待轉機，你得在布達佩斯停留六小時，你會留在機場用筆電看DVD，還是冒著天寒地凍去街上蹓躂？
* 放長假了。你想待在佛羅里達的萬豪酒店，還是魁北克的冰造旅館？（原註37）

受訪者要回答的是：「哪一個選擇印象更深刻？」「哪一個選擇更愉悅？」「會選擇怎麼做？」結果顯示，大家傾向選擇印象深刻的那邊，但也都是兩者之中比較不愉悅的那邊。多數人會想看看布達佩斯的景色，或者住一次冰造旅館，但也都預期留在機場或飯店內更舒服。

另一次實驗是針對佛羅里達與魁北克這組對比。研究找來新的受訪者，請大家解釋自己的選擇。約三分之一選擇佛羅里達，理由通常是「有趣」、「享受」、「愉悅」。選擇冰造旅館的人很少用到這幾個詞，著重在留下嶄新的記憶，將這種渡假描述為「很有挑戰性但能留下回憶」，以及「很冷、很新鮮、很難忘」。

第三份論文選了時代廣場的跨年夜，受訪者是已經站在寒風中好幾小時的民眾。研究者請一些人思考當下（「你對自己今晚來時代廣場這個決定感到開心嗎？」），另一些人思考未來（「你覺得兩年之後回想今夜來這裡跨年，會感到開心嗎？」）接著又告知他們：「天氣預報說今天晚上紐約會降雪。」再詢問他們希望午夜好天氣或下雪。

經提示思考遙遠未來而非現在的人傾向下雪。如果被告知「睽違十五年紐約終於又要在跨年夜下雪」，則他們會更希望下雪，推測原因在於場合獨特值得留念。

這些例子反映人類選擇有意義的經驗可能是想保存到未來。然而我們也可以從往事中尋求有意義的經驗。維克多．弗蘭克在書中敘述戰俘遭受的刑罰之一是挨餓，他擔心有些人會想不開自盡，於是盡可能和大家聊現在（或許會更慘）與未來（或許會好轉）。但不只如此：

我不只提起了未來與覆蓋著未來的那層朦朧美好。（原註38）我還提起了過去。曾有過的喜悅，以及那些喜悅如何照進當時的黑暗。為了避免像說教，我又引用了詩人寫的文字：Was Du erlebst, kann keine Macht der Welt Dir rauben。（你曾有過的體驗，世上誰也奪不走。）其實不只體驗，我們做過的事、萌生過的偉大想法，以至於受過的苦，雖然過去了，卻不會失去；是過去累積出現在。曾經存在也是存在，或許還是最為真切的存在。

第六章
無法選擇的痛與苦

人有心理免疫系統，也就是遭受負面經驗之後，人類精神會賦予那些經驗意義，藉此從傷痛中復原。

在模里西斯的印度教節慶裡，信眾會踏過燒紅的木炭，以長針刺穿臉頰和舌頭。（原註1）還有人將鐵鉤嵌進腹背，鉤子另一端連著數百磅重的輪轎，他們得忍著午後日曬，耗費好幾個小時的時間將輪轎拖到遠處的山丘頂端。

這是極致的苦行，宗教中有程度較輕微也更為人所熟知的其他苦行形式，例如基督舊教的大齋節、猶太教的贖罪日、伊斯蘭教的齋戒月都要信徒拒絕享樂。此外，所有宗教都有戒律規範，全年無休，從早到晚都不可犯禁，連吃什麼、與誰做愛（甚至時間與方式）都不放過。宗教管的實在太廣，我十多歲那幾年勤上猶太教堂，很清楚《妥拉》根本包山包海。而且宗教對這些習俗有一套說法，經典會強調拒絕世俗愉悅的重要，並宣告犧牲與痛苦的體驗是德行。

讀了本書前面幾章，讀者應該會察覺類似形式的自願受苦也有世俗的版本。模里西斯的信眾們所受的痛苦與極端形式的 BDSM 重疊；犧牲與匱乏、長時間的靜默也在運動訓練或冥想中出現。至於將痛苦折磨視為美好人生關鍵的抽象論述？宗教以外的思想體系同樣常見。

但是如果跳過宗教，對自願受苦的探究就不會完整。宗教彰顯出痛苦的社會價值——痛苦在此不像迷惘青少年的自殘是一種求援訊號，而是凝聚社會的力量，為人創造出歸屬感。前章討論意義的特徵時，我們也曾短暫提及這個現象。或許更重要的是：漫長歲月中，人類一直努力理解痛苦，無論自願與否，而宗教提供了我們方向。

宗教儀式與痛苦

所有宗教都會舉行儀式。有些儀式會造成疼痛，如紋身或割禮；另一些不但不痛可能還很歡愉，像歌唱舞蹈、彩繪身體及社群共餐等等。

儀式為何存在始終是個謎，包含我在內的許多人認為，宗教有符合人性的心理學基礎。（原註2）但是這一點放在特定的儀式便無法成立。兩歲大的幼童如果不在特定社會環境下成長，怎麼樣也不可能特地面朝麥加禱告、以希伯來文對麵包唸禱詞，畢竟儀式是文化的產物。

更適合解釋儀式的切入點，是文化演化。在生物演化中，天擇的意義是某些基因組合導致物種在存活與繁殖競賽中勝出；同樣道理，文化演進的過程中，特定的社會習俗能導致該族群比別人更強大、更持久。若甲地社會有某種習俗而乙地社會沒有，且此習俗使甲地社會發展更佳，則此社會與此習俗存續千百年的機率自然更高。

能夠團結人民的習俗特別有益。若團體成員願意放下自私動機並照顧旁人，社會就會更容易繁榮。有些學者認為從大局來看，這就是宗教的功能之一。強納森·海特說：「宗教……壓抑我們體內的猩猩，喚醒內心深處的蜜蜂。」（原註3）也就是說宗教強化集體道德，以團體為先。宗教發揮這個功能的途徑之一，就是儀式。從文獻來看效果卓絕：想預測哪個社會存續最久，成員每天進行儀式行為的時間長短非常具指標性。（原註4）

背後機制究竟是什麼？首先，儀式能夠產生社會學家艾彌爾·涂爾幹（Émile Durkheim）所說的「集體亢奮」（collective effervescence）。想像猶太婚禮上大家挽著手跳舞，許多證據指出這類同步動作能促進人類團結和彼此關心。（原註5）

但並非所有儀式都具備同步動作的特性，造成痛苦的尤其不會。通常只有少數人實際經歷痛苦，其他人則扮演觀眾。可是即便這樣的儀式也能發揮特殊的連結作用，基礎在於同理心。回到模里西斯印度教節慶的例子，迪米崔斯·賽加拉塔（Dimitris Xygalatas）觀察到，參與高痛苦儀式的人對所屬團體更關愛、更慷慨。

（原註6）他們經歷的痛苦越多，向心力增加越多，而且對團體的歸屬效應不限於親身受苦的人，也擴及圍觀群眾。訪問發現他們看別人拖著輪轎上山，對於其中的辛苦疼痛可以感同身受，於是也覺得與所屬社群更加緊密。

儀式不只利於群體，也可以對實際參與的人有所幫助。帶有痛苦的儀式尤其如此：自願受苦是一種訊號，除了對團體表達忠誠，更彰顯了自身的勇氣和德行。賽加拉塔指出，在身上扎最多針以及承受最多重量的人，通常是想求偶的年輕男子。他們大半也出身貧困，因為有錢人能以別的方式展現自身價值。

賽加拉塔點出投身這類儀式也有風險：當事人可以自己選擇要扎多少針和拉多少重量，雖然理論上越多越好，但超過自身能力當然會導致失敗，無法成功上山。而這在社交上會是重大災難，除了當眾顯出自己軟弱無能，更糟的是會證明自己未受神明眷顧。

這就是信眾進行儀式時的思考邏輯，而他們認為一切都是基於神的心意。參與儀式者並不會去想什麼團體穩定或社會訊號之類的因素。猶太教徒在贖罪日禁食，舊教信徒在大齋節放棄甜食，虔誠的人認為自己這麼做是遵循經典記載的訓令與神的旨意，不那麼虔誠的人則想維持傳統或家族典範。由此看來，儀式在功能性模糊時效果最好。如果社會上每個人都認為儀式只是促進團結，沒有什麼神祕奧妙，很難想像模里西斯的苦行或猶太教逾越節晚餐能持續至今。延伸出來的推論是，刻意以儀式激發向心力恐怕注定失敗，以功利為目的的儀式沒辦法發揮應有的作用。（原註7）

有人會更進一步認為，人類發明了神作為儀式的藉口，就好比在樹上畫靶就會有人練習射箭。然而這種想法或許跳躍太快，因為我們未必要有神或宗教才能舉行儀式。一些巴西柔術俱樂部內，成員晉升新等級得接受館內夥伴以皮帶抽打，背部和頸部會因此破皮流血。（原註8）但他們認為這個體驗很重要，關乎能否超越自我。

偶爾會有某些人當眾自虐，程度不下於前面說的印度教慶典，然而這種行為並非儀式，而是利用主動選擇痛苦的方式給人留下印象，向所屬團體表達忠誠。我兒子在大學參加了一個滑雪社團，某次聚會目的是推舉幹部，候選人一個個上臺說了自己的優點，然後為了製造記憶點，他們還會說笑話或後空翻之類。但那天有個人上去以後卻說其實自己不特別想當幹部，只是希望大家給他一個表演機會。所有人都同意了。

這個傢伙從袋子裡拿出六個捕鼠夾，夾住左手每根手指和舌頭，接著掏出一罐辣醬先抹了右眼再抹左眼。最後他取出寫著「柏克萊滑雪社」的看板，用釘書機**把看板釘在自己胸口**。

社員起立歡呼，幹部群直接為他創設新職位。

人類精神會賦予痛苦意義

本書旨在討論自願受苦的情況並為其辯白，之後也會回到這個主題上。不過現在先來談談：並非自己想要、無法選擇的痛或苦，如何面對？無論是排隊換駕照、撞到腳趾、嚴重背痛，還是因海嘯而無家可歸，或者兒女死亡、遭受酷刑、多年困在集中營等等，世上有很多苦難並非當事人自願。這些痛苦既不是追求其他意義的副產品，也無法反映個人的社會投入或道德抉擇，而且再怎麼大喊「停」也不會結束。無論願不願意，這些痛苦折磨無可迴避。

詹姆斯・科斯特洛（James Costello）就是這樣一個例子。（原註9）二〇一三年四月，他在波士頓馬拉松終點線附近為朋友加油，炸彈忽然引爆。科斯特洛不只遭到彈片噴濺，手腳也嚴重灼傷，事後經歷幾個月的手術和復健。如果故事停在這裡就是老調重彈了——天有不測風雲，不幸的人也得學會調適。

但是這裡有個轉折：住院期間，科斯特洛與護理師克莉斯塔．達戈斯提諾（Krista D'Agostino）相愛並訂婚。他在臉書貼出婚戒照片並附上文字：「我終於明白自己為何遇上這場意外——是為了遇見我此生的摯友與摯愛。」

人對於非自願的痛苦有這種反應並不奇怪，否則就不會有句話說「萬事皆有因」（everything happens for a reason）。用搜尋引擎或社交平臺找找看，會發現這句話出現的頻率高得可怕。或許讀者自己也說過幾回。

能夠這樣想或許是好事。丹尼爾．吉爾伯特認為這就是「心理免疫系統」（原註10），亦即遭受負面經驗之後，人類精神會賦予那些經驗意義，藉此從傷痛中復原。他提到凱蒂．比爾斯（Katie Beers）的故事，這位女士九歲時被家族熟人綁架至地窖，遭到強暴施虐長達兩週，但二十年之後她如何描述往事？「人生中最好的經驗。」還有莫里斯．畢克漢（Moreese Bickham）遭到冤枉，關在路易斯安那州立監獄長達三十年，他也表示：「我從未有過一絲悔恨，這是很好的一段經歷。」別忘記上一章引用喬治．洛溫斯坦的研究，遇上山難的人失去數根手指、腳掌好幾塊地方，卻說「嶄新燦爛的生命大門在我面前敞開」或者「用雙手換來家庭，在我看來挺划算的」。

開始留意這個現象之後，你會發現它無所不在。我的同事兼好友羅莉．桑托斯主持一個很棒的 podcast 節目，主旨是討論快樂，其中一集訪問的年輕人在伊拉克服役時遭土製炸彈攻擊，身陷起火的吉普車內。他住院接受治療很久，而且留下終身殘疾。他講故事時帶入很多細節（例如受傷後第一次照鏡子看見滿臉疤痕）令人不寒而慄，但後面發展可想而知。

桑托斯：你會想改變過去嗎？重來一次會不會做出不同的選擇？

馬提尼茲：不會。什麼都不必改，我百分之百確定。

桑托斯：連爆炸、傷疤、手術這些都不想改變？全部保留？

馬提尼茲：嗯……我覺得自己很有福氣。（原註11）

很生動的例子。但是否有足夠的代表性？在幾年前的一系列論文裡，當時我擔任指導教授，與學生康妮卡．班納吉（Konika Banerjee）一起研究賦予生命事件意義的現象究竟有多普遍。（原註12）

在某次實驗裡，我們請受試者先回想自己生命中的重要事件，譬如畢業、生孩子、戀愛、親近家人過世、罹患重病之類，然後詢問他們是否認為這些事件是命中注定、實屬必然、冥冥中自有道理，或者是要傳達某種訊息。結果多數人對這些問題幾乎都給出肯定的答案，與事件好壞沒有必然關聯，即便自述為無神論者也不例外。其他研究則發現，連幼兒也會表現出這種認知偏好，相信事情的發生是有理由的，或許是「徵兆」，或許是「教訓」。孩子比起大人更傾向採取這種詮釋。

研究結論很有趣，對命運與因果的信仰似乎是普世概念。但同時我們也發現，宗教深深影響大眾如何看待生命事件。好比有一題詢問受訪者是否相信生活中的重大事件「之所以發生是要傳遞訊息給自己」，有宗教信仰者同意的比例是沒有信仰者的兩倍以上。同樣情況也適用於事情發生是否「實屬必然」、「冥冥中自有道理」兩個提問。

宗教有這種效果並不令人意外。它針對生命意義提供足以自圓其說的答案（上一章談到過），自然就會對非自願的痛苦提出一套解釋，而且是從很多層面進行。

有些宗教說痛苦源於有益的紀律，神是愛世人的嚴父，祂下了懲罰所以我們活得艱苦，但一切都是為了人類好。新約聖經說得清清楚楚：（原註13）

> 你們所忍受的，是神管教你們，待你們如同待兒女。焉有兒女不被父親管教的呢？管教原是眾子所共受的。你們若不受管教，就是私生，不是親生了。再者，我們曾有生身的父管教我們，我們尚且敬重他，何況萬靈的父，我們豈不更當順服他得生嗎？生身的父都是暫隨己意管教我們；惟有萬靈的父管教我們，是要我們得益處，使我們在他的聖潔上有分。凡管教的事，當時不覺得快樂，反覺得愁苦；後來卻為那經練過的人結出平安的果子，就是義。

後半段結束得很正面，保證遵守紀律令生命美好，「結出平安的果子，就是義」。但前半段就不看結果，只強調**正統性**——不願意接受處罰，我們就「不是親生了」，乖乖接受處罰的人才能「在他的聖潔上有分」。紀律成為人神關係之間不可或缺的一環，好父親會訓斥子女，無論有沒有正面效益。受苦是反映人和神的真實關係。

基督信仰裡對受苦的另一種詮釋，觸及人和基督的連結。（原註14）菲律賓有個極端例子，每年聖週五[1]天主教懺悔者將自己釘上十字架，如同耶穌基督那樣受難。相同概念可以延伸到非自願的痛苦。有篇彙整聖保羅教誨的文章說道：「我們因基

1 譯按：受難週的星期五（受難週為復活節前一週）。

督的死與復活得救，必須參與祂的受難才會找到救贖。」教宗若望保祿二世也曾經撰文分享對基督所受苦痛的心得，他認為虔誠的信徒「也算是回報人類得救這無可比擬的巨大恩惠」。（原註15）

另一種對苦難的效益詮釋來自C．S．路易斯（C. S. Lewis）。他憂心人類活得快樂就會驕傲自滿，必須經過苦痛才會清醒。他以優美筆觸寫下：「痛苦可以得到關注。上帝經由歡樂向我們低語，透過良知向我們說話，卻藉著苦難大聲疾呼：那是祂喚醒充耳不聞世界的擴音器。痛苦揭開虛假的遮蓋，將真實的大旗插在叛逆靈魂的堡壘之上。」（原註16）

有些人會覺得宗教對痛苦做出詮釋沒什麼奇怪，因為宗教也對心理疾病或夢境提出各種理論。然而詮釋痛苦可能有更重要的地位。認知科學探討宗教功能時，常著重教義滿足人類對某些大哉問的好奇心，譬如宇宙誕生、人類與動物的出現等等，但這些不著邊際的形上學話題未必是我們最關切的部分。

我想多數人和我一樣，對於宇宙起源並沒有那麼明確的想法。相較之下，理解痛苦的需求更迫切，自己正在受苦時尤其明顯。我們需要得到慰藉，需要知道痛苦背後不是虛無，也希望有人告訴自己：痛苦會結束的，經歷痛苦之後會得到補償，或許是在未來，或許在天國，又或許在下一世。宗教將痛苦詮釋為一種善，正是人類的渴求。

姜峯楠（Ted Chiang）的短篇小說《肚臍》（*Omphalos*）演繹了這個主題。故事敘述某個宇宙的人們發現他們所處的世界其實只是被廢棄的測試版本，神的慈愛都去了後來的「真實」宇宙，根本沒放在他們身上。敘事者與神對話時，提到這個發現對某個人造成的打擊：

> 麥卡勒博士說：「你沒有孩子，不會明白失去孩子的痛苦。」
>
> 我只能附和，說我現在明白這個發現對他們兩人一定特別難熬。
>
> 「真的嗎？」祂問。
>
> 我說出自己的推測：博士能承受喪子之痛，是因為他相信兒子死亡也是神的計畫一環。但若人類並非天主真正在乎的對象，您對我們自然也沒有任何計畫，那麼他兒子的死亡便毫無意義可言。（原註17）

世俗精神不強烈的年代，社會對非自願痛苦的認同更廣泛。麻醉藥劑在現代人看來毫無疑問是一種福祉，但包含笑氣和乙醚在內的麻醉技術要到一八〇〇年代初才問世。有些人覺得古代社會美好，我建議先讀一下麻醉劑發明前的手術描述。曾經有人要歐魯克（P. J. O'Rourke）說說現代社會好在哪兒，他毫不遲疑答道：「牙科！」

古時候很多人覺得麻醉是邪門歪道。美國牙醫協會第一任主席威廉．亨利．艾金森（William Henry Atkinson）曾經寫下：「真希望世界上沒有麻醉這種東西！我覺得不應該阻礙人類經歷上帝安排的考驗。」（原註18）

這樣的想法真可笑，想必讀者有同感。但這種思維並不罕見。分娩也是個例子，我聽過不少女士主張疼痛是懷孕生產很重要的元素，選擇剖腹產會讓整個過程不夠真實、少了點意義。

善行與受苦

宗教詮釋非自願痛苦的方式通常能夠引發共鳴，因為內容就是人類想聽到的，也滿足在惡劣處境中尋求意義的心理機制。不過換個立場就很難接受那些解釋，或者說心理免疫系統終究有其限度。本書一路討論到現在，提出痛苦若是自願時有可能帶來許多正面回饋，但那些特徵在非自願的前提下並不存在。

自願受苦能產生的愉悅之一，在於可以是扮演的。然而如果是非自願、強制性質時，就不能稱之為扮演。精神病學期刊裡分享的一則軼事凸顯了這個問題，場景又回到了牙醫診所：有位女士很享受和男友之間愉虐的痛苦，可是她非常排斥看牙醫。（原註19）男友提議將檢查牙齒視為一次愉虐過程，她完全不同意，原因在於心裡知道看牙醫是不得不，沒有自由選擇的餘地，沒有辦法將其詮釋為自己選擇的結果。

或者想想克服自我的愉悅。在自願的情況下，自然而然能體會這樣的愉悅。作家路易斯在《痛苦的奧祕》（*The Problem of Pain*）裡以禁食為例，但他不表贊同地說：「大家都知道，禁食不同於因為意外或貧窮而跳過一餐，過程中需要以意志力對抗飢餓，獲得的獎賞是能夠克服自我，以及危險的自得自滿。」（原註20）如果不是自己選擇的飢餓，就談不上是克服自我。

再來還有道德。宗教常宣稱受苦是道德卓越的表現。如果痛苦是自己選擇的就說得通，因為那是自發的道德行為。然而在不是自己選擇的事情上，我們通常不會賦予其道德價值：我自願將大部分財產捐給窮人，是一種能獲得滿足的犧牲；窮人不顧我的意願直接搶走我的財產時，我很難自視為道德英雄。

然而回應非自願痛苦的態度可以展現個人道德，例如堅忍和勇敢、不過度埋怨也不將重擔推給別人。另一種情況則是，受苦時的表現能凸顯道德敏感度（moral sensibility）。一七五五年，英國一份作者不詳的小冊《人：論如何使這個物種更高貴》（*Man: A Paper for Ennobling the Species*）提出數項增進人類品質的辦法，其中之一稱作「道德性哭泣」（moral weeping）（原註21），它有益的理由是：「生理性哭泣與心理的想法沒有直接連結，也不反映內心真實情感，完全只是身體機制。道德性哭泣源於真實情感、伴隨內在感受，能夠發揚人性。相對的，假哭只是對人性的貶抑。」

有時候落淚確實才是正確反應。我有個親近的朋友，妻子死於癌症之後好幾個月裡他鬱鬱寡歡，後來不少人建議他尋求協助，譬如找個心理醫生、拿些抗憂鬱劑之類。認識他就能預料到他會拒絕，對當事人而言，未來或許可以為此就醫，但當下他覺得自己就應該悲傷，那是對死者的尊敬，不難過才有問題。我不確定自己是否同意這一點，但若親近的人過世了，我也是不會出去唱歌跳舞，因為這麼做不只在別人看來荒唐，也是道德上的畸形表現。

查蒂・史密斯討論生育子女和其巨大風險時，引用朱利安・巴恩斯（Julian Barnes）的一段話。他說自己曾經收到一份哀悼信，信上說：「有多痛，就有多值得。」（原註22）也就是說，痛苦能彰顯出價值。

關於痛苦和道德良善之間的關係，人類有些想法並不理性。一九九四年，丹尼爾・帕洛塔（Daniel Pallotta）創設「帕洛塔團隊」，專門為AIDS和乳癌研究等慈善計畫募款，成果十分豐碩，九年間籌得超過三億美元。（原註23）不過帕洛塔團隊自身不是慈善企業，每年從募款活動賺進約四十萬美元。這件事情上了新聞，許多人駭然失色，很多組織被迫停止與他們的合作，最終導致他們結束營運。

此事件勾起我兩位同事的注意。喬治・紐曼（George Newman）與戴利安・凱恩（Daylian Cain）決定研究「被玷污的無私」（tainted altruism）（原註24），也就是表面上無私且促使世界更美好的行為，一旦涉及個人利益就會遭到貶低。實驗之一請受試者先閱讀某個男子的故事：他為了得到女子芳心，每週好幾小時前往女方工作地點當志工。一些受試者聽到的版本裡，地點是遊民收容所，而且故事特別聲明儘管男子有個人動機，在志工崗位上確實表現優異。在其他受試者的版本裡，女子的工作地點則改成咖啡廳。而實驗結果顯示，受試者反而認為在遊民收容所工作的主角人品比較差。與帕洛塔團隊的案例類似，以企業形式營利不會受到批評，以慈善形式營利就會招致反彈。

我們希望善良不沾染愉悅。雖然這句話並不等於我們將善行與受苦連接在一塊兒，但實際上也有相關的證據。回想之前風靡網路社群的冰桶挑戰，主題是要人朝自己頭上倒一桶冰水，藉此呼籲大眾重視肌萎縮性脊髓側索硬化症。實證研究裡，受試者預期自己會承受痛苦時也更願意參與慈善，這種現象叫做「殉難效應」（martyrdom effect）。宗教上主動受苦的行為，如禁食、獻身，甚至自殘，或許都反映出人類心中美德的輪廓：不痛苦就不是善，亦即我們若要行善就要主動追求痛苦，甚至是渴望痛苦。也因此腦袋靈光的慈善贊助單位會舉辦健走或馬拉松，而不是發群組訊息或玩沙灘派對。

這邊需要提出補充：光是受苦還不夠，這個苦得有意義。克里斯多弗．奧利沃拉（Christophe Olivola）與埃爾達．沙菲爾（Eldar Shafir）針對這點提出了證據。假設你有個朋友生病了，她沒力氣做家事，而你去她家探病時她在房間休息，於是你決定幫忙把堆滿水槽的碗盤都洗乾淨。（原註25）你花了整整一小時仔細刷洗、擦拭和晾乾，做完的時候她剛好進來看見水槽乾乾淨淨。你應該感覺很棒才對，畢竟自己為朋友付出很多！其實就算她沒親眼看見這一幕，你心裡應該還是暖暖的。

但想像另一個情境：朋友走進廚房，說她買了全新的洗碗機。如果你先前看到了，就可以快速輕鬆又不費力氣地將碗盤洗乾淨。根據兩位研究者說法，這時的你可沒有那麼滿足。

他們也透過實驗證實了這個論點。詢問一組人是否願意參加路跑五英里的慈善（辛苦），另一組人則是野餐郊遊的慈善（舒適），結果會發現前一組真的比較多人答應。這個現象同樣是殉難效應的展現。然而如果兩個方案同時提出，也就是從五英里路跑和野餐郊遊中做抉擇，受試者就傾向後者，推測原因是心理認知到野餐能推動的善舉一樣多，那路跑就只是白受罪。論文作者指出：實驗結果顯示，人類不僅「偏愛有痛苦的善舉」，若痛苦是正面結果的必要前提時，我們也就認為痛苦有其價值。

前面討論了非自願的痛苦究竟對人類是好是壞，以及它能否增進人神關係、給我們寶貴教訓、促進靈性成長或符合道德標準等等。可是先撇開大眾想法——真相是什麼？非自願的痛苦真的對我們有好處嗎？例如確實使人變得堅韌、溫和，或者變得更好？

很多人這樣認為。作為佐證，下面這段話常常被引用，出自美國首席大法官約翰・羅勃茲（John Roberts）二〇一七年給畢業生的演說[2]：（原註26）

一般而言，畢業典禮的演講都是祝大家一帆風順、鵬程萬里。但我不這樣想，而且有我的理由。我希望各位時不時受到不公平對待，這樣你們才會發現公平正義的價值。我希望你們遭人背叛，這樣才能瞭解忠誠的重要性。我希望你們有時孤單寂寞，這樣才不會把朋友視為理所當然的存在。我希望你們偶爾走霉運，這樣才會意識到機會和運氣在人生扮演怎樣的角色，明白自己的成功不完全是「應得」的，他人的失敗也未必全然是活該。

羅勃茲大法官認為痛苦可以帶來不同視野並滋養同理心。類似立場者也認為痛苦可以鍛鍊韌性，納西姆・塔雷伯（Nassim Taleb）用了個絕妙的詞是「反脆弱」（anti-fragile）。（原註27）尼采名言也是：「但凡殺不了你的，都會使你更強大。」布羅克・巴斯蒂安則說得比較學術：「心理機能健康的關鍵是經歷痛苦。」（原註28）

2　譯按：對象為他兒子的畢業班級（九年級）。

在此同樣有實證撐腰。馬克・錫睿（Mark Seery）團隊的實驗方式是先給受試者一份表單，上面有三十七種生命中的負面事件，例如遭受襲擊、親愛的人死亡等等。由受試者標記自己遭遇過的項目，接著將雙手置於極低溫的水中，並回答感受到的疼痛強度如何、是否讓心情更惡劣、是否被觸動「災難化」思考（於是會同意如「我認為疼痛程度即將使自己崩潰」這種句子）。[原註29] 實驗者也會記錄他們將手放在水中多長的時間。

受試者遭遇的負面事件在零到十九項間，而有百分之七點五的人一次都沒碰過。他們是幸運兒嗎？未必。數據呈現倒U形——最能承受冰水之苦的，是經歷過中等程度生命之苦的人。過得無風無浪的那群人，相較之下非常脆弱。

第二次實驗換了方法，不以浸泡冰水來衡量受試者的承受能力，而是以「重要非語言智力測試」為名義，請他們在電腦測驗上通關。受試者的壓力程度也不以問卷做調查，改以包括心率在內多項生理指標做研判。然而結果相同，反應最好的並非壓力極大或極小這兩個族群，而是處於中間，也就是甜蜜點上的人。

大衛・德斯泰諾團隊做了類似實驗，主題放在仁慈。[原註30] 就像前面提到的實驗，他們首先詢問受試者在生命中經歷過多少壞事，再來請受試者做五等制的問卷測量「同情傾向」（dispositonal compassion）的程度，詢問他們有多同意例如「照顧弱者很重要」、「看見有人受傷或需要幫助，我會有照顧他們的強烈衝動」這類句子。最後給受試者機會捐助現金。結果顯示，過去遭遇壞事的多寡確實與同情心表現和實際捐出的金額相關。與之吻合的是其他研究發現，貧窮者經歷的壓力和逆境通常較多，於是也在多種同情心測試上得到較高的分數。（原註31）

但判斷時必須小心。雖然統計上看得到關聯卻並不強烈，何況並不容易判斷何者為因、何者為果。也可能存在第三種因素同時影響了過往負面經驗多寡，以及個人的韌性和仁慈。

不過除了實驗，也有所謂軼事證據能支持痛苦的社會效益，至少短期來看可以成立。蕾貝嘉・索尼特（Rebecca Solnit）在《建在地獄的天堂》（*A Paradise Built in Hell*）裡記錄幾個不同群體遭遇災難後的反應，並指出這些人對待彼此遠比大家預期的仁慈許多，畢竟霍布斯曾主張，人在沒有外在束縛的情況下就會野蠻。（原註32）她在書中表示可以發現，「面對災難，最普遍的人性其實是堅強、靈活、慷慨、具備同理心和勇氣。」她還認為災難其實是個機會，大家不但會挺身而出，而且那麼做的同時內心是喜樂的。這些現象顯示，「平時對於社群、目標、意義未能得到滿足的渴求，藉著災難的機會實現了。」

實驗也可以發現一些端倪。布羅克・巴斯蒂安及其同僚做了許多次讓受試者手浸冰水、深蹲與吃辣椒的實驗。（原註33）實驗是以小組方式進行，結果顯示，若小組成員共享過痛苦體驗，會表現得更團結、更相互信任與配合。

創傷事件的正面效益

生命中出現一點痛苦或許是好事，能夠增加我們的韌性、激發善心，還可以促進團結。但真正慘痛的事情，例如遭到強暴，或孩子罹癌死亡呢？這種情況也有實質正面效益嗎？自願受苦有好處，非自願也是嗎？

直接否定壞事也會有善果太過偏激。詹姆斯・科斯特洛因為波士頓馬拉松爆炸案而殘廢，卻表示他人生因此變美好，我有資格說他錯了嗎？雖然他的感受可能源於人類從壞事中找出好處的心理傾向，但不代表他誤會什麼，畢竟他確實因此遇見夢寐以求的伴侶。

所謂天有不測風雲，如果你重感冒而沒能搭機前往倫敦參加摯友婚禮，事後回想或許覺得真是遺憾。但說不定你過去了，隔天一早興奮又宿醉地跌跌撞撞走出酒店，過馬路看了左邊沒看右邊，結果被載滿遊客的雙層巴士撞個正著。這麼說來，其實流感救了你的命。道家哲學的一個故事或許大家都聽過了：（原註34）

有位老農夫種地多年。一天他的馬兒跑了，鄰居聽聞前來慰問，「運氣真差呀，」大家同情地說。「或許吧，」老農夫這樣回答。

翌日馬兒不僅自己回來，還帶回三匹野馬。「太棒了！」鄰居歡呼。「或許吧，」老人依舊這麼說。

第三天，農夫的兒子騎上尚未被馴服的馬匹，結果摔下來斷了腿。鄰居又來慰問他們家的不幸。「或許，」農夫說。

之後官員要徵召年輕人當兵，農夫的兒子腿斷了得以豁免。鄰居慶賀事情有善終，農夫還是那句：「或許吧。」

某些人主張壞事其實是轉變的契機。他們不只承認世事難料、塞翁失馬焉知非福，而是進一步主張壞事能使心靈茁壯，認為這是人性使然，至少放在一部分人身上說得通。

雖然我鼓勵大家不抱成見思想開明，但我也贊同大衛・休謨所言：「特別的主張要有特別的證據。」[3]偏偏上面的主張就很特別。

通常罪犯被判處死刑後，反死刑人士會指出犯人的生命經驗很糟糕，並以當事人兒時受虐或成年後的淒慘遭遇為例。這種辯護方式的重點在於過去的痛苦經驗能造成心靈創傷，社會應該對此表現出仁慈寬恕。能否接受這套論述牽涉到個人對死刑、道德責任與寬恕的想法，但至少邏輯很清晰：大家都明白惡劣的生命經驗能造就偏差的人格。所以沒有人聽了故事之後說：「嗯，經歷過那麼多的人應該更善良、更有韌性才對吧？所以應該**加重**刑罰！」這種看法顯然違背常理。

負面經驗會帶來傷痛，傷痛使人變得怨恨或恐懼，更保護自己而不願善待他人，嚴重時即是所謂心理創傷或創傷後壓力症候群。當然，熬過悲慘事件並沉澱足夠時間，人還是有可能回復堅強穩定。（原註35）但不代表事件因此不負面了。我撰寫本書時一直希望能提供參考資料，註解裡有很多我引用的文獻資訊，可是被人強暴或遭受酷刑對心理健康有害這種事情需要證據也太奇怪了吧。我們會質疑被車撞有害生理健康嗎？

3 譯按：原文 extraordinary claims require extraordinary evidence，一般認為出處是卡爾・沙根（Carl Sagan）。然而類似意義的名言可以追溯到休謨（其原文 A wise man… proportions his belief to the evidence）。

即便對此我抱持著懷疑態度，但總有人立場不同。部分學者對「因痛苦而生的利他心理」很感興趣。這個概念是說，有些人不僅僅是「雖然自己受過苦，但仍樂意幫助別人」，而是「因為自己受過苦，所以主動積極幫助別人」；相關研究大多針對因他人加害而造成的痛苦，例如照護疏失、人身攻擊、性侵害、酷刑之類。

確實常有人以這種方式陳述自己行善的動機。在較近期的文獻回顧中，喬瀚娜．佛爾哈德（Johanna Vollhardt）列出不少例子，諸如脊椎損傷和中風病患想幫助其他病友；（原註36）強暴受害者會在機構內協助有同樣遭遇的人；反酒駕母親組織的創辦人遭遇過兒子被酒駕者奪去性命。

佛爾哈德對這個現象提出幾種解釋：幫助他人或許能轉移注意力，使受害者不再聚焦於自身慘劇，甚至藉此提振精神。幫助他人也能引導被害者轉換角度思考自身處境，得知有人境遇相同，甚或更糟，會淡化自身的痛苦。透過助人過程可以讓人感覺到自己具有能力和效率，也更容易融入社會群體。最重要的是，若以維克多．弗蘭克的理念為基礎，助人能為自己的痛苦帶來意義與價值，賦予全新目的。

「**我碰上壞事承受苦痛，但已經過去了**」和「**我碰上壞事承受苦痛，因此開始幫助別人和改變世界**」是程度差距頗大的兩種不同心境。

如果只看理論，這些都說得通。問題在於沒有多少證據證明這些人沒受害就不會如此仁慈。聲稱能證明此現象的研究多數樣本極小，其中一些是個案研究，對象只有一個人，而且相當依賴當事人自陳，缺乏客觀評量。比如一項研究儘管訪問了上百位的二戰屠殺倖存者，他們多數也表示自己曾經幫助他人，在集中營裡給別人食物和衣物。然而我們該如何看待這些故事？先不談人類有誇飾自身善行的傾向，對遙遠過去的事件記憶也常常不準確，往日行為很容易被過度美化。

最重要的則是這些研究幾乎都沒有對照組。舉例而言，我們知道許多人經歷喪子之痛開始投身某個公益目標。問題是，同樣一群人如果沒經歷悲劇又會怎麼做？又有多少人同樣喪子了卻因此變得冷漠麻木、與社會脫節，甚至過程中受太多折磨，再也無法成為別人生命中的正面力量？

那麼韌性和堅強的說法又如何？先前提到在一些實驗室研究中，經歷過一定程度痛苦的人表現出較高的忍耐力。同樣情況在現實世界中也成立嗎？

安東尼．曼奇尼（Anthony Mancini）團隊做了這方面的研究，而且還是所謂「自然實驗」，也就是利用真實的悲劇事件觀察其影響。（原註37）我想解說得更仔細一點，不僅因為實驗很重要、知名且有趣，也因為從這個研究能看到問題本身的問題出在哪兒。

二〇〇七年維吉尼亞理工學院發生慘案，一名精神異常的學生衝進宿舍施暴，造成三十二人死亡、二十五人受傷，整個過程超過兩小時。當時正好有人在校園內對女性做研究（主題是性方面的受害者），所以曼奇尼團隊直接取得了槍擊事件前樣本的心理測量數據，可以用來進行前後對比。他們收集到三百六十八名女學生的資料，並在槍擊案後兩個月、六個月和一年再次聯繫。

以憂鬱分數來說，樣本可分為四大組：百分之五十六為良好，也就是案發前沒有憂鬱，案發後一樣沒有。百分之八則相反，案發前就情緒不佳，案發後也一樣。百分之二十三屬於惡化，也就是案發前沒事，案發後的測試卻出現憂鬱。最後一組則獲得論文作者群很大關注：百分之十三的人好轉了，她們在案發前處於憂鬱，案發後憂鬱的情緒反而得到消解。焦慮部分的數據相仿，只是改善人數比例較低，僅百分之七。

該怎麼解釋人因此變好了這件事？曼奇尼團隊認為，原因在於大規模槍擊事件後的社會支持。環境中充滿關切、疼惜，還能得到心理治療，結果不僅僅化解了悲劇造成的心理陰影，還幸運地將部分學生原有的生活難題也處理好了。研究者指出，大規模槍擊之類事件都具有相同性質：「公眾創傷的關鍵點在於受創者多，所以能更廣泛地動員，相互支持與合作。」個人受創則不同，遭受攻擊或強暴的人無法動員社群，受害者可能感覺孤立無援。

截至目前為止邏輯通順，但仍有些值得留意的地方。

首先，這些數據很可能放大了創傷事件的正面效益。事件發生後再度聯繫時，研究者提供了誘因，如禮品卡、以受訪者名義捐款、參與抽獎活動等等，但仍有很多過去的受訪者並未完成調查。因事件受到心理創傷的人通常較不願意參與後續研究，導致結果最正面的群體在樣本中所占比例大幅提高。

一旦漏掉沒回應的人，就很可能掉進倖存者偏誤的陷阱。（原註38）這個認知偏誤的最佳範例是二戰時期的英國皇家空軍，他們想給戰鬥機加上裝甲保護飛官，又得盡可能減輕機身重量，於是只能挑選重點部位做補強。海軍分析中心查看空戰後返回的飛機，發現機體上有彈孔，推論有彈孔的部位最容易遭受攻擊，建議以此為根據加上裝甲。我自己讀這個故事的時候認為非常有道理。

可見我的腦袋就是沒有統計學家亞伯拉罕·沃德（Abraham Wald）靈光。他提醒皇家空軍這個邏輯大錯特錯：平安返回的飛機才能被這樣分析。換句話說，有彈孔的部位被命中也沒事，但其餘部位被命中了連飛回家都成問題，在那些地方加強防護才有用。

同樣道理可以運用在很多場合。如果心理系出現大量輟學生，系辦關切即將畢業的學生，發現多數人統計學不夠好，決定往後要為新生補強。這種決策就像給彈孔上裝甲，當然是錯的，雖然機身有彈孔但它們至少回得來呀！正確推論要**反其道而行**——統計不好還是能熬到快畢業，不就代表那是最無關緊要的部分？

研究重大慘案對個人有何影響時，倖存者偏誤尤其值得注意。我們想知道經歷事件的人過得如何，通常會跳過了仍留在醫院、療養院以及監獄的人，也過濾掉無意願或能力參與心理學研究的那一群。樣本取捨問題無法避免，也不代表研究方法錯誤，只要我們別忘記倖存者偏誤，時時意識到創傷最深的樣本沒能納入，負面事件對人格的正向效益勢必會被放大。

回到維吉尼亞理工學院的例子，這個研究同樣沒有對照組，也就是未經歷槍擊案的樣本。考量時空環境當然能夠諒解，但這代表我們並不知道若槍擊案沒發生，同樣一群女學生會是什麼狀態。試想：上大學的年輕人有一定比例表現出憂鬱，值得奇怪嗎？同樣一群年輕人過了段時間變得比較不憂鬱，又有什麼好奇怪呢？那麼

「八分之一的大學生即使不經歷槍擊案，憂鬱也會好轉」這樣的說法難道是誇張嗎？

即使我這樣的猜測錯了，而且就暫時拋開倖存者偏誤的問題，假設那一小群學生的情緒必須經歷過重大創傷才能改善。回到曼奇尼團隊的推論，好轉的原因並非事件本身，而是事件引發了社會服務動員、親朋好友的注意與關心。想想看：如果你出了個小車禍之後接受物理治療，結果養成控制飲食與多運動的好習慣，也更懂得如何照顧自己身體，似乎不應該詮釋為車禍有益身心才對吧。

有幾分證據說幾分話，結論是社會支持能緩解學生的憂鬱及焦慮。她們在大規模槍擊案之後才得到協助反倒要感慨造化弄人。

壞事、好事和沒事

另有研究者對創傷後成長特別感興趣。所謂創傷後成長，意思是經歷糟糕的事情，反而帶來整體性的正面轉變。（原註39）這個現象與先前討論著重憂鬱和焦慮的心理改善有所不同，也與保護自己不受傷害的韌性有差距。創傷後成長是真正的進步，如同理論創始者里察．特德斯奇（Richard Tedeschi）所言：「人對自己、對所處的世界、對如何與他人產生連結、對可能的未來以及怎樣度過人生，都有了全新的理解。」（原註40）評估進步的常用量表會針對五個層面：（原註41）

一、對生命的領悟
二、與他人的關係
三、生活中的新機會
四、個人能力
五、靈性轉變

許多故事的主題是個人宣稱經歷了創傷後成長。也許讀者自己也有類似經驗，某一段糟糕的經驗導致自己更加正視人生、改善了人際關係、找到上帝等等。也有人對此提出質疑——創傷是否真的導致成長根本不重要，只要一個人樂觀積極、追尋光明，這些故事自然能夠成立。然而創傷有時能引發個人的正向改變，這點是毋庸置疑的。

值得討論的地方在於是否應視創傷後成長為普世性的過程。近期一份報告的標題為：「成長的前提是痛苦嗎？針對創傷後與狂喜後成長實例的系統回顧與統合分析。」（原註42）他們整理文獻以後得出三大結論：

一、在從創傷事件前後收集數據的前瞻研究中，有些證據指向創傷事件之後樣本的自尊、正向關係、精熟程度得到提升。然而意義和靈性這兩個項目並未提高。

二、但是上述效果存在於重大正面事件與重大負面事件，且強度相同。

三、而且成長很可能與事件本身無關。多數研究並沒有對照組，無法比較正面或負面事件存在與兩者皆無之間的差異。至於少數找到對照組的研究，根據分析者的瞭解，多數結論是效果不存在：樣本在重大生命事件後表示某些方面變好，但同樣期間沒有特殊經歷的人一樣自認變好。

再次強調：慘痛經驗能引出正向轉變這一點無需懷疑。然而就證據看來，好事，甚至是沒事，都同樣足以造就正向轉變。

本書很大篇幅在討論自願痛苦的重要性，以及痛苦在愉悅與意義之中所扮演的角色；最後一章還會深入討論。但我對於非自願痛苦的評價就沒這麼高。社會上很多故事提倡非自願痛苦的價值，這些故事應該也都有所本，畢竟有證據證明遭受過一定程度痛苦的人會變得仁慈堅毅。再者，就心理層面而言，我們需要為失落與痛苦找到意義。只不過有時候常識還是比較可靠：積極預防癌症、大規模槍擊、孩子死亡等各種慘絕人寰的事情發生才是明智之舉。

說穿了，即使非自願痛苦真有什麼好處，實際上我們再怎麼迴避恐怕也沒用。我們每個人總會經歷夠多的苦難折磨，沒有主動追尋的必要。

第七章

甜蜜的毒藥

嘗試理解痛苦就等於嘗試理解人類的真實面貌。從我們對痛苦的追尋，能夠讓我們更深刻地認識自身本質。

散步時，兩件事占據我思緒，
妳的美麗，我的死期。
若兩者兼得，便是萬幸。
我怨這世界阻我振翅高飛，
唯妳唇上蜜毒能帶我離去，
換作別人，誰也不行。

約翰．濟慈致方妮，一八一九年

「我們都會死，因此我們都是幸運兒，」理查．道金斯（Richard Dawkins）在書中這樣說。（原註1）原因很簡單：能夠死，代表曾經存在過。

而這一點要歸功於我們的祖先。過去三十八億年裡的每個祖先都「有足夠魅力吸引配偶，身體健康能夠繁衍，並得到命運和環境眷顧才活到留下後代的時刻」。能堅持到現在已經十分厲害。但不要自滿，同樣的勝利果實由世界所有生命共享；每隻老鼠、金魚、蚊子——這場以十億年為單位的淘汰賽，只要活下來就是贏家。

人類可以成功的原因有共通特質，也有個體因素。我們與許多物種一樣具備強大的認知能力，對世界的判斷越接近真實越有利生存。右邊是不是斷崖？同族人是否厭惡自己？有沒有東西咬自己的腿？掌握這些資訊有很大優勢。於是人類演化出眼睛、耳朵等感覺器官及大容量的腦部。過去曾有其他靈長類與我們的祖先競爭，但他們的判斷不夠接近真實情況，所以活不到下一回合。

我們與其他動物的不同則是道德感。正常人都有一定程度的善良，對公平正義有一定的追求，同時內心也藏著黑暗面，如憎恨、憤怒以及復仇欲望。這種機制背後有其邏輯：能夠促進大團體內互不相關的個體收斂起會招致嫌惡、相互毀滅的衝動，彼此合作共利共存。

人類並不完美，人類學家羅伯・阿德瑞（Robert Ardrey）說我們「不是崛起的猿猴，而是墮落的天使」（原註2）。儘管經過演化，我們並未培養出追求真實的習性，只將其當作生存與繁衍的工具，因此無法得知遙遠的過去未來，或者極致的小（如次原子粒子）與大（如銀河系）。許多形而上的問題超過我們本能，像自由意志、因果和意識的本質等等。這類知識從基因角度來看毫無用處。我們受限於認知偏誤，真相若與效用起了衝突便得屈居第二，結果就是人類常常被非理性恐懼給控制，所以有人極其害怕蜘蛛和蛇。

即使道德層面我們也受限，觀念好比《摩登原始人》，無法本能地察覺種族主義為何不道德，也不懂客觀上而言，數千里外一個孩子的幸福與自己兒女的幸福同等重要。人類心智既沒有演化出觀察次原子粒子的能力，也沒有演化出無私的道德，因為這些東西不具生存適應的實用價值。

可是人類，也只有人類，做出了不可思議的表現：我們超越了局限，發展科學、技術、哲學、文學、藝術及律法。我們提出世界人權宣言，還登上月球。我們懂得避孕，顛覆生殖為尊的自然規律，能夠將時間心力用在其他地方。我們也克服維護親族盟友的生物衝動，願意將資源分給陌生人（儘管還不夠多，但至少動手做了）。

這一切太過神奇、不可思議，實在值得更多讚嘆。原本我們的心智只要應付花鳥岩石這些中等大小的物體，如今竟然探索宇宙起源、量子力學與時間的本質；我們的心智最初只是照顧親族和以德報德，後來竟然建立起道德準則推動慈善，扶助遠方有需要的人。

在某些人眼中，上述種種都是奇蹟，證明了神愛世人。我個人對此存疑，也在其他著作中直接反駁道德領域的神學論點。（原註3）但我不否認其魅力。雖然我應該是最沒靈性的那類人，但若有一天我開始相信神，我想人類超越自我的現象會是很好的起點。

痛苦是一個指標

說了真實與良善，那麼愉悅與意義呢？這兩種心理機制又與演化有何關聯？我認為差距不大。人類的情緒與感受的高低起伏同樣是腦部經過天擇演化的結果。情況好的時候我們會安心，遭受威脅了我們會害怕，親近的人死亡則會悲痛，這些情緒同樣是為了增加存活與繁衍機率的適應結果。而這些都要感謝（或歸咎）達爾文。

無數演化心理學分析解釋了我們的情緒感受怎麼發揮適應功能，多數聚焦在短期愉悅和生殖相關目標的結合，例如營養、地位、生育三者的關係。其實快樂這類長期情緒也可以用同樣的方式加以觀察，史迪芬・平克就提到：

> 我們健康、溫飽、舒適、安全、繁榮、具有知識、受到尊敬、非獨身且被人所

愛時會比較快樂。相較於其反面，這些努力目標都利於繁殖。換言之，快樂的功能就是啟動心智尋求演化論下適者生存的狀態。我們不快樂時會設法使自己快樂，快樂時則設法維持現狀。（原註4）

此處衍生出一個殘酷的現實：人類生來就不快樂。演化並不希望我們時時活得幸福美滿，也沒打算讓我們擺脫痛苦。痛苦是一個指標，告知人類什麼地方出了差錯，知道之後才能修正改善。悲傷、寂寞、羞恥都具備類似功能。

但並非所有負面感受都具有實用意義。譬如慢性疼痛如果已經無藥可解，能夠關閉痛覺才是福氣。無法處理的憂鬱和焦慮也是同樣道理。還有些狀況是負面感受沒有精準對應到當前的生活模式，羅伯特．賴特就指出：

許多情緒反應在現代社會失去價值，必須回到人類這個物種演化的環境才有意義。在公車或飛機上做了丟臉的事情，我們耿耿於懷好幾個鐘頭，但其實自己與目擊現場的乘客很可能再也不會相逢，他們的想法根本無關緊要。天擇怎麼會有這種設計，令生物產生無用的不適？或許回到祖先成長的環境才能明白：狩獵採集社會

的成員幾乎一輩子相依為命，別人對自己的評價當然很重要。(原註5)

來自演化的機制出差錯還有一個例子，有些人稱之為「享樂跑步機」。愉悅的增加總是短暫的，我們因為新體驗、新事件而興奮喜悅，但時間一久就會回到常態。第一次接吻總是美好，第一千次接吻就差得太多。所以無論跑得再快，我們還是在原本的位置上。

這只是換個角度呼應本書開頭探討過的心理學的真理——人類心智會對改變產生反應，但對已經習慣的常態並不敏銳。現象的背後是一種機制原理：如果生物能不斷品味正面經驗，最後就會喪失努力的動機，相對於較為變動的個體反而會失去優勢。所以或許人性的結構裡原本就存在一定程度的不安、焦躁、野心，而且都與社會地位有關，也就是自己與其他成員的相對位置。舉例而言，我原本很滿意自己的汽車，後來鄰居買了更棒的，我的快樂感也隨之消散。

在這類情況裡，正是由於人類具有反思能力，於是演化目標（一如往常是個比喻）與理智的結論可能互相扞格：我並不想能生多少孩子就生多少孩子，我也不想那麼在意陌生人對自己的看法，更不願意一輩子都對生活現況有所不滿。

所幸我們也不是非得活在先天限制之中，可以找辦法繞過系統。人類察覺有些東西肉眼看不見，就製造望遠鏡；擔心個人的道德判斷有偏差，便設置獨立公正的司法體制。同樣的，若對於本能的賞罰刺激有怨言，我們就會加以克服。

對著天擇得意忘形是不是不大對？難道人類不該遵循演化，回歸演化賦予我們的感受？

這種思考有邏輯漏洞。演化的**應然**與**實然**之間沒有必然的關係，否則會得出荒謬的結論。如果應然即實然，代表任何男人一旦捐精就勝過膝下無子的達賴喇嘛千倍萬倍。而女性只要盡量生，不管照顧得多差（只要能讓後代活下來且繼續繁殖）都沒關係，還是贏過收留別人孩子又細心呵護的養母。這些說法未免太過愚蠢。

某些繞過本能的手段確實同樣愚蠢且不道德。人類經過演化，從社會接觸、具生產力的活動、有意義的關係等等領域得到愉悅，可是若藉由藥物或酒精，就能跳過中間這些程序。未來或許會有其他手段讓人進入至福境界又無需承受如海洛因之類藥物的副作用，即便如此它也並非值得追求的方向，因為那是虛擲人生。同樣的，或許能發明精神病態藥，而且也會有人躍躍欲試，吞一顆就能從良知中解放，再也不介意自己對別人造成多大傷害。要是有藥物能消除焦慮和悲傷，將會有更多人難以抵抗，即使明知長期下去只會剝奪生命的豐富。

另有一些方式頗具潛力。前面曾經提到羅伯特・賴特指出我們因為演化而傾向會過度在乎陌生人的評價。此外，他也主張參禪冥想可以作為解決方案。羅伯特認為，整體而言佛教指引大眾如何跳脫天擇內建於腦部的規則：因為演化，人類受到身外的束縛與心中的激情所驅動，有了煩惱執著和算計，對世界的觀察受欲望染色而模糊。冥想能夠矯正這些問題，帶我們看透世界原貌，遠離我執和不健康的情感依附。

冥想參禪在近年蔚為風潮，學術界與流行文化都頗為重視。我也認為值得參考，應該多透過實證瞭解冥想的效果。但既然很少人提出反面論述，我就藉此機會拋磚引玉。

我擔心的是個人和親友之間的關係，因為佛教提倡「捨」[1]和不執著。前作《失控的同理心》（*Against Empathy*）裡，我指出同理心這類情緒有所偏頗、缺乏數字感而且視野狹小，並不適合作為道德指引。面對重要決策時，心理保持一定距離，也就是我所謂「理性的慈悲」（rational compassion），（原註6）會有更好的結果。我還引用了佛教觀念做論證，所以看起來很傾向佛教思想。

1　譯按：equanimity，是對四梵住（四無量心）「慈、悲、喜、捨」中「捨」的翻譯用字，由於其字面意義也有人譯為「平等心」，入門解釋為「放棄以自我為中心，遠離愛惡親疏」。

然而同時我也對自己的論述提出保留，其中一個議題就是親密的關係。理性的慈悲就原則而言與某些身分有所牴觸，讓人很難好好當個慈愛的家長、朋友、伴侶。對自己心愛的對象為何還要保持疏離和中立？譬如一個好父親不就該重視自己兒女更甚於別人家的孩子，對親生後代有更多照顧關心嗎？由於佛教不承認親近關係的性質特殊，這部分出現很大空白。（很多人都聽過的老笑話：「佛教徒為何不用吸塵器？因為本來無一物，何處惹塵埃。」）我並不否定（可想而知）信奉佛教或涉獵佛法的人也能成為出色的父母、朋友、伴侶，只是當他們處在這些身分的同時，或多或少會背離了自己的修行。

什麼東西讓人快樂？

無論如何，這本書主旨很簡單，強調的不是人類超越了本能，而是思考什麼東西能夠帶給我們愉悅、快樂和滿足，以及痛苦在其中扮演的角色。雖然出發點是好奇和探索，希望理解人性的某些面向，但得出的結論也具有實用意義，能推論出如何生活更恰當。

而且推論過程會回到動機多元論。傳統上，追求愉悅和追求意義、物質享樂和真正的幸福之間是對立的狀態，我們應該選擇哪一邊？證據顯示魚與熊掌可以兼得，甚至還能更進一步——我們不僅找到某些人是既快樂又覺得生活有意義，還察覺到其中關聯性：快樂的人更可能認為生命有意義，認為生命有意義的人也更可能覺得自己快樂。（原註7）

曾有學者做過一系列針對快樂和意義的研究，請大學生將新的快樂經驗或有意義的經驗融入生活裡。（原註8）快樂的活動包括增加睡眠、購物、看電影、吃甜點；有意義的活動則像是助人、花時間內省、與人做有意義的交流。

研究者發現這些增加的項目都會造成正面效益。如果學生原本就認為生活充滿意義，置入快樂的活動會使他們感受更良好也更輕鬆。而原本生活就很快樂的學生多了意義之後，會產生「更有啟發性的經驗」。請學生將兩種新活動都融入生活，會創造出更多益處。作者群總結：「基於我們預期真正的幸福（即意義）和享樂（即快樂）能增進美滿生活，而且沒有觀察到兩者互斥，於是我們預期結合兩者能夠得到更美好的生活。目前證據支持這個預測。與不追求幸福和享樂的群體相比，同時追求兩者的人在多數美好生活變項中得到更高分。」

不過必須謹慎以對。測量出來的關聯性不算高，而且樣本局限在大學生，缺乏更廣泛的驗證。但結論與其他研究一致，說到快樂和意義，一個老牌淡啤酒的廣告詞說得沒錯：你可以全都要。

但這不代表沒有搞砸的空間。若動機多元論成立，那麼過度狹隘地聚焦在某一種動機上可能會帶來惡果。

精確地說，目前看來**想要**快樂的人結果反而不會快樂；或者至少可以說，他們想要快樂卻用錯方法。（原註9）有些研究先測量樣本對快樂有多強的追求動機，方式是詢問他們對某些句子的同意程度，例如「感覺快樂對我而言極度重要」和「任何時間點上，我的生命價值很大程度取決於我有多快樂」。然而非常同意這些說法的人卻不容易在生活裡得到好結果，反而比較憂鬱和孤獨。（原註10）

一如既往，因果推論不可輕率。或許並非努力追求快樂導致憂鬱和孤獨，有可能是憂鬱和孤獨的人更想追求快樂。但其他研究也看到追求快樂的反效果：一項實驗請受試者一邊聽史特拉汶斯基的《春之祭》，一邊嘗試令自己快樂。相較於單純聽音樂的人，前者的情緒反而變糟了。（原註11）另一次實驗請受試者先閱讀探討快樂有何好處的文章，理論上這個前置作業能使他們更重視快樂。接下來觀賞氣氛快樂

的短片後，相對於沒看過文章的人，看過的人也比較不快樂。由此看來，執著於快樂確實效果不佳。（原註12）

布瑞特・福特（Brett Ford）與艾芮絲・莫斯（Iris Mauss）兩位心理學家對這個現象提出了論點：一個可能是，當一個人想追求快樂時，會對成功設下不切實際的高標準，結果失敗了就變得不快樂。（原註13）另一個可能是，追求快樂的意識太過強烈，讓人常常自問此刻究竟有多快樂，這種念頭擾亂了快樂的情緒，就像思考接吻技術好不好有可能妨礙了實際接吻時的表現。

最可能的解釋，也是兩位學者最強調的一點，在於人類並不準確明白什麼東西能夠使自己快樂。研究發現，追求與讚美或獎勵有關的外在目標，像是容貌魅力、金錢、提高社會地位等等，最後反而會使人更空虛更不快樂，也與憂鬱、焦慮、心理疾病相關。（原註14）一份彙整超過兩百五十八份論文的統合分析發現：「受試者回報的快樂程度與生活滿意度都下降，活力與自我實現較低，憂鬱、焦慮、心理疾病增加。越相信金錢和物質是快樂與人生成功的關鍵，情況越是惡化。」（沒錯，我還記得自己在前面說過金錢與快樂呈正比，但這並不矛盾。金錢使人快樂，**想要**金錢則使人不快樂。關鍵就是透過其他有意義的途徑獲取金錢，又或者如果你能選擇就生在富貴人家吧。）

如此說來，問題或許也不是出在想要快樂，而是以特定方式追求快樂。跨文化研究確實發現，如東亞地區某些集體主義盛行的社會裡，想要快樂會**導致**人真的快樂，推測原因是他們追求快樂的方式更具社會性，與親戚朋友相關。（原註15）而個人主義發達的社會如美國，意識形態傾向物質生活，此時追求快樂反而令人沮喪，因為方式不對。

當聰明的那一個

當個享樂主義者是好是壞？我們對當下的感受經驗，持續時間介於二到三秒鐘，差不多足夠歌手保羅．麥卡尼唱一句「嘿，朱迪」（Hey Jude）。（原註16）在這個當下之前的一切叫做記憶，之後則叫做預期。如果將生命完全奉獻給這不斷前進的兩三秒呢？以本書前面介紹過的名詞來說，就是全力尋找「體驗型快樂」。第一章提到我不認為人類生來就是享樂主義者，我們會追求各式各樣的目標。但也許我們就應該當個享樂主義者？也許我們專注在追求快樂，生活會更好？

我覺得這樣思考也是錯的，一樣會收到反效果。但有些人極力維護這個立場。(原註17)我最喜歡的一段論述來自丹尼爾．吉爾伯特，他首先給了個例子：

> 假如我是個不要臉的享樂主義者，躲在奧運規模的池子裡開心游泳，感受水的沁涼與陽光溫熱肌膚。這個狀態只能以愉悅形容。偶爾我爬出池子，停下來思考生命有多空虛，為此難過一分鐘。然後又回到泳池裡繼續游泳。

一直待在泳池裡，生命就會充滿體驗型快樂，但沒有整體滿意和意義。這樣很糟嗎？

許多人不認為那樣的生命很美好。丹尼爾．康納曼跟泰勒．科文聊到自己的研究生涯時，說道：「我本來很有興趣的是如何最大化生活體驗，結果發現這並非多數人關心的重點。大家真正想要的是，最大化對於自己和生活的滿意度。」(原註18)迪倫．馬修斯也有類似發言：「我想持平來說，相較於情感上的舒適快活，生活滿意度更適合用來判斷人類真正想給自己的是什麼。我們想要的並不是永遠飄飄欲仙、無憂無慮，而是從整體上會覺得幸福的生活。」(原註19)當然不能漏掉約翰．彌爾（John Stuart Mill）的名言：「做個不滿足的人勝過做隻滿足的豬，變成不滿足的蘇格拉底好過滿足的傻瓜。如果傻瓜或豬不同意，那是因為他們懂的只有自己。」（原註20）

吉爾伯特沒有被這些回應說服。回到泳池的例子，他指出人類有兩種意識經驗，幾乎可以當作不同的兩個人看待。一種是「體驗者」，負責感受池水清涼、陽光溫暖和自己的快樂。另一種是「觀察者」，負責對生命整體做評價，然後他會感到失望。

我們有意識思考一個問題時，會轉換為觀察者，也可以說是內心深處的蘇格拉底。這種模式轉換會造成錯覺，讓人以為自己一直都是觀察者。吉爾伯特為這個錯覺做出類比：人每次開冰箱時裡面的燈都是亮的，難道這就代表冰箱的燈沒熄過？他所要點破的是，觀察者在生活中比例極少，我們並不會常常以縱觀全局的方式看待生命。人在池子裡享受水涼日暖，或者與朋友談笑風生時（換個角度則是看牙齒受折騰，或從樓梯上滾下來時）可不會對生命做評估，而是好好地經歷它——而這些時候，我們都是體驗者。

若詢問觀察者，當然會聽到「這種生命沒有意義，我好失望」的答案。若能詢問體驗者，也就是那頭豬，答案其實相反。體驗者覺得很棒！而癥結點在於，詢問這個行為就會造成體驗者無法發聲。

所以兩者是不對等的，好比想要做出判決卻只能聽見單方面的說辭。何況觀察者未必總是正確。想像一個情境：年輕女孩與另一個女子戀愛了，甚至有了性關係，也從中得到愉悅滿足，然而她出身基本教義派的家庭，與父母提起此事會覺得羞愧不堪。或者另一個情境：有個男人與孩子、伴侶、朋友都相處愉快，但偶爾會想到自己的事業，意識到其他人成就較高且收入較多，於是他開始生自己的氣，責怪自己不夠上進，下定決心將更多時間花在工作上。在這兩個情境中，體驗者明明很快樂，是觀察者不高興，但觀察者的立場絕對沒錯嗎？

吉爾伯特據此主張：想公正評判生活過得好不好，應該納入「時間權重」的概念，也就是考慮快樂的時間有多少，難過的時間又有多少，全部加總再下結論。如果反思生命時覺得自己過得差，但這些念頭每週只出現兩小時而已，那麼強調這兩小時並不合理。為了幫助大家理解，吉爾伯特寫道：

親愛的蘇格拉底們，有個辦法應該能讓你們多多少少理解到時間權重的意義：

別問自己想過怎樣的生活，問問自己想給孩子過怎樣的生活。你寧願孩子絕大多數時間都快樂，只有偶爾思考人生時才例外，還是反過來呢？……很難想像為何有人要逼孩子每天只能快樂一小時，另外二十三小時都不好過。

如果我不認為他的論述值得深思，就不會花這麼大的篇幅詳細解釋。但其實我並不全盤認同。

首先，以我自己而言，就算考量到孩子，答案並不像吉爾伯特所說的那麼單純。身為動機多元論的支持者，我不希望孩子一天只有一小時的快樂。但反過來說，要是自己兒子好吃懶做虛擲光陰，我還是會很失望。畢竟彌爾早就說過，體驗者的另一個名字是豬。會有人希望自己孩子變成豬？

再者，我不覺得蘇格拉底和豬應該對等。彌爾也提到體驗者無法理解自己以外的事物。蘇格拉底才能思索享樂主義的好壞，而我們不也正在這麼做？蘇格拉底還會關心別人呢。雖然聰明的腦袋有可能走向毀滅性的意識形態，但豬就只能是豬。被迫選擇的話，我還是會聽蘇格拉底說話，他是聰明的那個，有可能知道豬不知道的事情。

人的生命**應該**包含各種規畫和可能，包括與別人連結並改善他們的生活。採用時間權重的話，對極重度毒癮者提供源源不絕的嗎啡，或者如第一章羅伯特．諾齊克的思想實驗那樣將人塞進體驗機，豈不就是最好的生活形態？還有個情況是極端虐待狂可以從世上所有痛苦獲得無窮盡的愉悅，而拒斥這種生活方式在我看來就道德上毫無爭議。

拒絕一輩子泡在吉爾伯特的那個泳池裡，還有一個更老套的理由，就是遲早會厭倦。基於這個理由，我認為生命的意義和快樂兩者相輔相成。為期較長又障礙重重的計畫帶來許多新鮮和刺激，可以避開享樂主義者最大的困擾：厭煩。觀察者與體驗者的目標或許常有摩擦，然而生命仍有兼顧雙方的可能。

痛苦是認證價值的形式

本書很大部分反覆申論同一點：自願的痛苦能夠產生和增進快樂，而且是有意義的活動和有意義的生活不可或缺之一環。這樣的痛苦通常也是正確的選擇。再次引用查蒂．史密斯那句話：「有多痛，就有多值得。」有時痛苦是一種認證價值的形式。

也就是說，痛苦常常是好事。問題在於並非每次都是，有時候我們會高估了痛苦，有時候我們則太沉溺其中。

回顧前面提過的例子，前一章講到人類傾向認為痛苦背後自有邏輯、萬事皆有因，連幼童都這樣思考，且成長過程中繼續發展強化，若有接觸宗教則更明顯。這個信念並非全然不好，它可以化解非自願的痛苦並賦予其意義及目的，提供慰藉及撫慰。

可是缺點在於鼓勵責怪。「萬事皆有因」常常轉變為「可憐之人必有可恨之處」的果報觀念，於是大眾下意識譴責不幸的、生病的、遭受他人迫害的那一方（譴責對象甚至可能包括自己）。此外，這樣的觀念也會助長冷漠無情的處世態度，因為既然一切都服從更高層次的至善力量，人類又為何要努力改變世界？既然歧視與壓迫源於天意難測的偉大計畫，溫柔的人又必承受地土[2]，為什麼要管那些閒事？

更不用說，萬事皆有因是一種誤解，而既然是誤解我們就不該相信。或許不是每個人的立場都像理查·道金斯那樣鮮明，他認為宇宙展現的「明明白白，本質上

2　譯按：《聖經》句子，意指善良虔誠的信徒會得到上帝眷顧。

不存在設計、目的、善惡，只有盲目、冷漠和無所謂。」（原註21）然而就算是虔誠信徒應該也能同意：至少目前的社會運作並不保證善惡有報，即使真有所謂天理或業力，我們尚且無法在所處世界中得到證明，反而當個人和社會致力於公平正義時會看到成果。所以我們應該克制天性，不要寄望於神靈。

上一章還提到另一個顧慮，也就是許多人將痛苦與善做連結，導致我們評判一個行為時，考量的不僅僅是其意圖和結果，居然還要計算行善者承受了多少痛苦。因此沒有痛苦的善行遭到貶抑，有痛苦的則被誇大。這種思維十分愚蠢，有時候改善世界的無私行為也能使行為者本身更快樂且更富裕。改善他人生活的同時又賺到錢會被大眾抨擊，那什麼都不做就沒事了——這個態度是在勸退想要使世界變得更美好的人。

最後，有時候選擇受苦本身會成為目的，還干擾其他善的可能性。伊蓮·史蓋瑞在《痛苦的肉體》裡提到，藝術家是「純正的受苦者階級」（原註22），然而她這話並非讚譽，而是擔心那種經歷與藝術作品「可能無意間轉移了大眾視線，注意力沒放在亟需協助的人身上」。我們還可以透過《安娜·卡列尼娜》這種創作或戴安娜王妃這類遙遠的人物來獲得替代的痛苦體驗，卻不用真正將時間精力與資源花費在周遭有需要的人身上，因為他們沒那麼有趣，還常常不懂得感激。

娜瓦莉．瑟佩爾（Namwali Serpell）的〈陳腐的同理心〉（The Banality of Empathy）一文為討論注入活泉，她提出類似觀點，還引用了盧梭的論述：

我們將淚水交給這些創作，滿足了身為人的權利，卻不付出更多屬於自己的東西。現實中不幸的人還在等待我們的關切、安慰與努力，他們需要的是有人真正走進他們的傷痛，而我們至少應該犧牲自己的怠惰。（原註23）

有時公開展示同理心並承受痛苦可以喚起旁人的關注與仁慈，在某些圈子裡，甚至會塑造出權威地位。最極端的案例就在社交媒體上，大家常常表示自己苦人所苦請求大家關注。也就是說，感同身受這件事情還能滿足人際連結的需求。詹姆斯．道斯（James Dawes）表示：「分享別人的哀慟、感受別人的重擔，團結一致面對痛苦的體驗，能帶來深沉的滿足、悲戚的喜悅。有時候我猜想這是人類的基本需求，因為多數的人際連結有先天瑕疵，我們需要更上一層的互動。」（原註24）

前面幾位都擔憂移情式的痛苦本身成為句點，大家不願意真正出手幫助現實中的人。雖然我的著眼點不太一樣，但撇開實務考量，我同樣直覺懷疑移情式的痛苦有其問題。研究二戰大屠殺的伊娃．霍夫曼（Eva Hoffman）曾經提到：一九六〇年代，社會對集中營倖存者有股異樣迷戀，與他們有所接觸成為富裕美國人炫耀的手段，形成一種「剽竊深度」（depth larceny）（原註25）的現象。

她說自己曾在一場派對中聽見旁人對話。一人提起自己有朋友從布亨瓦德集中營活著出來，另一人就雀躍地表示鄰居待過奧斯威辛集中營。這根本是自我陶醉，毫無尊重。

所以選擇痛苦未必一定是好事，無論實務還是道德層面都有一定的風險和考量。不過當情境、方式、分量正確時，自願的痛苦確實能增進生命價值。本書出發點是維護動機多元論：人們想從生命中得到很多，痛苦有可能是一種催化劑。自己選擇的痛苦能製造出強烈的愉悅，也可以是有意義的體驗中不可或缺的部分。痛苦還能促進人與人的連結，作為社群團結和愛的來源，反映心靈深處的情緒感受。

嘗試理解痛苦就等於嘗試理解人類的真實面貌。從我們對痛苦的追尋，能夠讓我們更深刻地認識自身本質。最低限度來說，至少會明白一些詮釋人類需求的理論太過簡化並不正確。我們的心很複雜，動機和欲望各有不同，能夠經由我們想像不到的方式加以滿足。

阿道斯・赫胥黎（Aldous Huxley）將這一點詮釋得很棒。在他一九三二年的小說《美麗新世界》中，敘述了一個受到嚴格管控的社會，那裡的人以藥物獲取快樂，犧牲其餘一切只求最大化快樂和愉悅。[3]故事尾聲時，代表新世界政府的穆斯塔法・蒙德和反抗體制的約翰進行對話，蒙德義正辭嚴強調快樂的價值，指出藉由發展神經醫學帶給人們無窮愉悅是一種容易且方便的手段，最後還說：「我們比較喜歡用舒服的方式做事。」（原註26）

約翰回答：「但我要的不是舒服，而是神明和詩歌。我要真正的危險，我要自由與良善。我還要罪惡。」

對人性的總結，無人能出其右。

3 譯按：小說中的社會以除了上癮沒有其他副作用的迷幻藥「索麻」（Soma，語源為印度神話的「蘇摩」）制約人類的情緒。

致謝

感謝許多人一路相助。在訪談、研討會、podcast 等場合與大家聊過概念雛型之後，我得到很多睿智的評論與建議，深深影響我對愉悅和痛苦的觀點。寫作過程中，很多學者收到我 email 便不吝提供意見和忠告，有些還與我素昧謀面。書中很多內容源自我和朋友的閒聊，可能是某人說了個故事、剛讀到的新研究，又或者對我講的話做出一番機智回應，我全都會記下來等著放進書裡。

我想我一定會漏掉某些該感謝的人，先在這兒說聲抱歉。總之十分感激：Ned Block、Max Bloom、Zachary Bloom、Leona Brandwene、Nicholas Christakis、Chaz Firestone、Brett Ford、Deborah Fried、Daniel Gilbert、Sam Harris、Yoel Inbar、Michael Inzlicht、Julian Jara-Ettinger、Paul Jose、David Kelley、Joshua Knobe、Louisa Lombard、Geoffrey MacDonald、Gregory Murphy、Michael Norton、Gabriele Oettingen、Annie Murphy Paul、Laurie Paul、David Pizarro、Azim Shariff、Tamler Sommers、Amy Starmans、Yaacov Trope、Graeme Wood、

Karen Wynn、Dimitris Xygalatas、Grace Zimmer。

二〇二〇年疫情爆發的前幾個月，我完成本書初稿，並在耶魯與同事朋友見了三次面討論內容。非常感謝參與者和大家提供的見解，包括：Pinar Al dan、Sophie Arnold、Mario Attie、Jack Beadle、Nicole Betz、Karli Cecil、Vlad Chituc、Joanna Demaree-Cotton、Yarrow Dunham、Brian Earp、Emily Gerdin、Julia Marshall、Laurie Paul、Made line Reinecke、Alexa Sacchi、Anna-Katrine Sussex、Matti Wilks、Kate Yang、Katherine Ziska。

還要特別向 Zachary Bloom、Yarrow Dunham、Frank Keil、Christina Starmans、Matti Wilks 致敬，他們每個人都為初稿寫下一份詳盡的讀後感。

最值得一提的是丹尼爾・吉爾伯特。他差點成功說服我這整本書的主題很不清楚。（剛寫完的時候我被說動了——真是謝謝你啊，老丹！）還要頒個特別獎給 Graeme Wood，他的提議實在太詭異了，要我在封面放上自己被捆綁和咬口球[1]的照片。

這是第五次與經紀人 Katinka Matson 合作，依舊感激她的細心和各種建言，有她在身邊真好。與 Denise Oswald 則是二度合作，這位編輯聰明熱心，對前期版本

1　譯按：捆綁和咬口球都是 BDSM 常見玩法。

提出很多寶貴建議。還有 Will Palmer 是很厲害的審稿人，我想沒有人會像他這樣仔細讀完整本書才對。

撰寫此書時正值生涯變動階段，很感謝身邊一些特別的人總是在背後默默支持，尤其是 Frank Keil、Gregory Murphy、Laurie Paul、Graeme Wood，以及我兩個好兒子 Max、Zachary。在加拿大和美國的親人們，我愛你們，可惜大家因為疫情分隔兩地，感謝你們的支持鼓勵。

最大的功臣是我的伴侶 Christina Starmans，書中所有觀點都是我與她聊過後才成形，她也針對初稿給了很多極富洞察力（還常常很好笑）的意見；如果讀者覺得哪些章節比較弱、例子不大對或者笑話發揮得不好，想必就是因為我沒聽她勸了。內文絕大多數在多倫多完成，我們在兩間緊鄰的書房各自工作，所以就扯著嗓門彼此問問題、講起自己在推特看到什麼，進進出出分享新點子、對稿子交換想法。有她在身邊，寫書過程充滿歡樂。

所以讀者面前這本書，就是痛苦和愉悅、享樂和意義之間良好平衡的結果。由於 Christina 的陪伴，我找到了甜蜜點，在此將這本書獻給她。

原文註釋

前言　美好人生

1 Antti Revonsuo, "The Reinterpretation of Dreams: An Evolutionary Hypothesis of the Function of Dreaming," *Behavioral and Brain Sciences* 23（2000）: 877-901.

2 Matthew A. Killingsworth and Daniel T. Gilbert, "A Wandering Mind Is an Unhappy Mind," *Science* 330（2010）: 932.

3 Tom Bartlett, "Two Famous Academics, 3,000 Fans, $1,500 Tickets," *Chronicle of Higher Education*, April 4, 2019, https://www.chronicle.com/interactives/20190404-peterson.

4 Tyler Cowen, *Stubborn Attachments: A Vision for a Society of Free, Prosperous, and Responsible Individuals*（Stripe Press, 2018）, 17.

5 Mihaly Csikszentmihalyi, *Flow: The Psychology of Optimal Experience*（Harper & Row, 1990）, 11.

6 Emily Esfahani Smith, *The Power of Meaning: Crafting a Life That Matters*（Random House, 2017）, 22.

7 Johann Hari, *Lost Connections: Uncovering the Real Causes of Depression—and the Unexpected Solutions*（Bloomsbury USA, 2018）, 11.

8 David Brooks, *The Second Mountain: The Quest for a Moral Life*（Random House, 2019）, xxii.

9 Steven Pinker, *Enlightenment Now: The Case for Reason, Science, Humanism, and Progress*（Penguin, 2018）.

10 Steven Pinker, "Enlightenment Wars: Some Reflections on 'Enlightenment Now,' One Year Later," *Quillette*, January 14, 2019, https://quillette.com/2019/01/14/enlightenment-wars-some-reflections-on-enlightenment-now one-year-later/.

11 Pinker, *Enlightenment Now.*

12 Pinker, *Enlightenment Now.*

13 Ed Diener et al., "Findings All Psychologists Should Know from the New Science on Subjective Well-Being," *Canadian Psychology* 58（2017）: 87-104。各國快樂程度可參考 https://worldhappiness.report.com。

14 Diener et al., "Findings All Psychologists Should Know."

15 John Helliwell, Richard Layard, and Jeffrey Sachs, *World Happiness Report 2018*（New York: Sustainable Development Solutions Network, 2018）, https://worldhappiness.report/ed/2018.

16 Helliwell et al., *World Hap piness Report 2018*.

17 Why Suicide Is Falling Around the World, and How to Bring It Down More," *The Economist*, Novem ber 24, 2018, https://www.economist.com/leaders/2018/11/24/why-suicide-is-falling-around-the-world-and-how-to-bring-it down-more.

18 Pinker, *Enlightenment Now*.

19 Brooks, *The Second Mountain*.

20 Hari, *Lost Connections*, 88.

21 Sebastian Junger, *Tribe: On Homecoming and Be longing*（Twelve, 2016）, 2 and 3.

22 Peter A. Thiel and Blake Masters. *Zero to One: Notes on Startups, or How to Build the Future*（Broadway Busi ness, 2014）, 95 and 96.

23 Greta Thunberg（@GretaT hunberg）, "Before I started school striking," Twitter, August 31, 019,5:47p.m., https://twitter.com/GretaThunberg/status/1167916944520908800.

24 Joseph B. Fabry, *The Pursuit of Meaning: Viktor Frankl, Logotherapy, and Life*（Harper & Row, 1980）.

25 Viktor E. Frankl, *Man's Search for Meaning*（Pocket Books, 1973）.

26 Smith, *The Power of Meaning*; Brock Bastian, *The Other Side of Happiness: Embracing a More Fearless Ap proach to Living*（Allen Lane, 2018）.

第一章　快樂與痛苦

1 By a blogger named Tom, "Daydreaming @ Mile110," *Chasing Long*, January 30, 2017, https://chasinglong.blog/2017/01/30/daydreaming–mile–110.

2 George Ainslie, "Beyond Microeconom ics: Conflict Among Interests in a Multiple Self as a Determi nant of Value," in *The Multiple Self*, ed. Jon Elster（Cambridge University Press, 1986）, 156.

3 詳細臺詞對白可在Wikipedia, s.v. "A Nice Place to Visit"找到， https://en.wikipedia.org/wiki/A_ Nice_Place_to_Visit。我在另一本書中提過同樣例子，Paul Bloom, *How Pleasure Works: The New Science of Why We Like What We Like*（Random House, 2010）。電視劇《良善之地》最後一季也有類似主題。

4 David Lewis, "Mad Pain and Martian Pain," in *Philosophical Papers*, vol. 1（Oxford University Press, 1983）.

5 Elsa Wuhrman, "Acute Pain: Assessment and Treatment," Medscape, January

3, 2011, https://www.med scape.com/viewarticle/735034.
6 Jeremy Bentham, *An Introduction to the Principles of Morals and Legislation* (Wentworth Press, 2019), 7.
7 Sigmund Freud, "The economic problem of masochism," in *The Standard Edition of the Complete Psychological Works of Sigmund Freud, Volume XIX (1923–1925): The Ego and the Id and Other Works* (Hogarth, 1971), 160.
8 Nikola Grahek, *Feeling Pain and Being in Pain* (MIT Press, 2011), 45.
9 Grahek, *Feeling Pain and Being in Pain*; Daniel C. Dennett, "Why You Can't Make a Computer That Feels Pain," *Synthese* 38 (1978): 415-56.
10 Grahek, *Feeling Pain and Being in Pain*, 34.
11 Andrea Long Chu, "The Pink," *n+1* 34 (Spring 2019), https://nplusonemag.com/issue-34/politics/the-pink/.
12 Robert Wright, *Why Buddhism Is True: The Science and Philosophy of Meditation and Enlightenment* (Simon & Schuster, 2017), 70.
13 Eduardo B. Andrade and Joel B. Cohen, "On the Consumption of Negative Feelings," *Journal of Consumer Research* 34 (2007): 283-300.
14 Brett Q. Fordand Maya Tamir, "When Getting Angry Is Smart: Emotional Preferences and Emotional Intelligence," *Emotion* 12 (2012): 685-89.
15 Julian Hanich et al., "Why We Like to Watch Sad Films: The Pleasure of Being Moved in Aes thetic Experiences," *Psychology of Aesthetics, Creativity, and the Arts* 8 (2014): 130-43.
16 Ai Kawakami et al., "Relations Between Musical Structures and Perceived and Felt Emotions," *Music Perception: An Interdisciplinary Journal* 30 (2013) 407-17; Liila Taruffi and Stefan Koelsch, "The Paradox of Music-Evoked Sadness: An Online Survey," *PLoS One* 9 (2014): e110490.
17 Emily Cornett, "Why Do We Enjoy Sad Music? A Review" (unpublished paper, Yale University undergraduate seminar, 2018), cited with per mission.
18 Paul Gilbert et al., "Fears of Com passion and Happiness in Relation to Alexithymia, Mindfulness, and Self Criticism," *Psychology and Psychotherapy: Theory, Research and Practice* 85 (2012): 374-90.
19 Yuri Miyamoto and Xiaoming Ma, "Dampening or Savoring Positive Emotions: A Dialectical Cul tural Script Guides Emotion Regulation," *Emotion* 11 (2011): 1346-57.
20 *Laotzu's Taoteching*, trans. Red Pine (Copper Canyon Press, 2009), 116.
21 An Sieun et al., "Two Sides of Emotion: Exploring Positivity and Negativity in Six Basic Emo tions Across Cultures," *Frontiers in Psychology* 8 (2017): 610.
22 Josh Rosenblatt, *Why We Fight: One Man's Search for Meaning Inside the Ring* (Ecco, 2019), 2.

23 Daniel Gilbert, *Stumbling on Happiness*（Knopf, 2006）, 33.
24 Ursula Le Guin, "The Ones Who Walk Away from Omelas," *New Dimensions* 3（1973）, https://libcom.org/files/ursula-k-le-guin-the-ones-who-walk-away-from-omelas.pdf.
25 Ed Diener et al., "Findings All Psychologists Should Know from the New Science on Subjective Well-Being," *Canadian Psychology* 58（2017）: 87- 104.
26 AnnaWierzbicka,"'Happiness' in Cross-Linguistic & Cross-Cultural Perspective," *Dae dalus* 133（2004）: 34-43.
27 Philippa Foot, *Natural Goodness*（Clarendon Press, 2003）.
28 Jonathan Phillips, Luke Misen heimer, and Joshua Knobe, "The Ordinary Concept of Happi ness（and Others Like it）," *Emotion Review* 3（2011）: 320-22.
29 Daniel Kahneman and Jason Riis, "Living, and Thinking About It: Two Perspectives on Life," in *The Science of Well-Being*, ed. Felicia Huppert, Nick Baylis, and Barry Keverne（Oxford University Press, 2005）: 285-304; Daniel Kahneman and Angus Deaton, "High Income Improves Evalua tion of Life but Not Emotional Well-Being," *Proceedings of the Na tional Academy of Sciences* 107（2010）: 16489-93.
30 Marc Wittmann, *Felt Time: The Psychology of How We Perceive Time*（MIT Press, 2016）.
31 Dan Gilbert,"Three Pictures of Water: Some Reflections on a Lecture by Daniel Kahneman"（unpublished manuscript, Harvard University, 2008），引用已徵得同意。
32 Kahneman and Deaton, "High Income Improves Evaluation of Life."
33 Harvard T.H. Chan School of Public Health, *Life Experiences and Income Inequality in the United States*（NPR/Robert Wood Johnson Foundation/Harvard School of Public Health, 2020）, https://www.rwjf.org/en/library/research/2019/12/life-experiences-and-income-inequality-in-the-united-states. html; Christopheringraham, "The 1% Are Much More Satis fied with Their Lives than Everyone Else, Survey Finds," *Washington Post*, January 9, 2020, https://www.washingtonpost.com/business/2020/01/09/1-are-much-more-satisfied-with-their lives-than-everyone-else-survey-finds/.
34 Grant E Donnelly et al., "The Amount and Source of Millionaires' Wealth（Moderately）Pre dict Their Happiness," *Personality and Social Psychology Bulletin* 44（2018）: 684-99.
35 Tyler Cowen, "Daniel Kahneman on Cutting Through the Noise," *Conversations with Tyler* podcast, episode 56, December 19, 2018, https://medium.com/conversations-with-tyler/tyler cowen-daniel-kahneman-economics-bias-noise-167275de691f.
36 Dylan Matthews, "Angus Deaton's Badly Misunderstood Paper on Whether

Happiness Peaks at $75,000, Explained," *Vox*, October 12, 2015, https://www.vox.com/2015/6/20/8815813/orange-is-the-new-black- piper-chapman-happiness-study.

37 Andrew George（譯者）, *The Epic of Gilgamesh*（Penguin, 2003）。

38 Paul Bloom, *Just Babies: The Origins of Good and Evil*（Crown, 2013）.

39 Michael Ghiselin, *The Economy of Nature and the Evolution of Sex*（University of California Press, 1974）, 247.

40 引述者為Daniel Batson et al., "Where Is the Altruism in the Altruistic Personality?" *Journal of Personal ity and Social Psychology* 50（1986）: 212-20。

41 評論包括 C. Daniel Batson, *Altruism in Humans*（Oxford University Press, 2011）以及Andrew Moore, "Hedonism," *The Stanford Encyclopedia of Philos ophy*（Winter 2019 Edition）, ed. Edward N. Zalta, https://plato. stanford.edu/archives/win2019/entries/hedonism。

42 Robert Kurzban, *Why Everyone*（*Else*）*Is a Hypocrite: Evolution and the Modular Mind*（Princeton Univer sity Press, 2012）.

43 Robert Nozick, *Anarchy, State, and Utopia*（Basic Books, 1974）.

44 Philosophy Tube（@PhilosophyTube）, Twitter, January 10, 2020.

45 Felipe De Brigard, "If You Like It, Does It Matter If It's Real?" *Philosophical Psychology* 23（2010）: 43-57.

46 Roy F. Baumeis ter et al., "Some Key Differences Between a Happy Life and a Meaningful Life" *Journal of Positive Psychology* 8（2013）: 505-16.

47 Kathleen D. Vohs, Jenni fer L. Aaker, and Rhia Catapano, "It's Not Going to Be That Fun: Negative Experiences Can Add Meaning to Life," *Current Opinion in Psychology* 26（2019）: 11-14.

48 Shigehiro Oishi and Ed Diener, "Residents of Poor Nations Have a Greater Sense of Meaning in Life than Residents of Wealthy Nations," *Psycho logical Science* 25（2014）: 422-30.

49 For instance, Steve Crabtree, "Religiosity Highest in World's Poorest Nations," Gallup, August 31, 2010, https://news.gallup.com/poll/142727/religiosity-highest-world-poorest-nations.aspx.

50 Adam Alter, "Do the Poor Have More Meaningful Lives?" *New Yorker*, January 24, 2014, https://www.newyorker.com/business/currency/do-the-poor-have- more-meaningful-lives.

51 Alan Watts, "The Dream of Life," Genius, https://genius.com/Alan-watts-the-dream-of-life annotated.

第二章　良性受虐癖

1 "P&G Thank You, Mom | Pick Them Back Up | Sochi 2014 Olympic Winter Games," Jan uary 7, 2014, YouTube video, 2:00, https://www.

youtube.com/watch?v=6Ult4t-1NoQ.
2 James Elkins, *Pictures and Tears: A History of People Who Have Cried in Front of Paintings* (Routledge, 2005).
3 Barbara L. Fredrick son, and Robert W. Levenson, "Positive Emotions Speed Recov ery from the Cardiovascular Sequelae of Negative Emotions," *Cognition and Emotion* 12 (1998): 191-220.
4 Susan M. Hughes and Shevon E. Nicholson, "Sex Differences in the Assessment of Pain Versus Sexual Pleasure Facial Expressions," *Journal of Social, Evolution ary, and Cultural Psychology* 2 (2008): 289-98.
5 Hillel Aviezer, Yaacov Trope, and Alexander Todorov, "Body Cues, Not Facial Expressions, Dis criminate Between Intense Positive and Negative Emotions," *Science* 338 (2012): 1225-29.
6 Oriana R. Aragón et al., "Dimor phous Expressions of Positive Emotion: Displays of Both Care and Aggression in Response to Cute Stimuli," *Psychological Sci ence* 26 (2015): 259-73.
7 Maxime Taquet et al., "Hedo nism and the Choice of Everyday Activities," *Proceedings of the Na tional Academy of Sciences* 113 (2016): 9769-73.
8 Roy F. Baumeister, "Masochism as Escape from Self," *Journal of Sex Research* 25 (1988): 28-59.
9 Sigmund Freud, "The Economic Problem of Masochism," in *The Standard Edition of the Complete Psychological Works of Sigmund Freud, Volume XIX (1923–1925): The Ego and the Id and Other Works,* trans. James Strachey (1964; Hogarth, 1971).
10 Paul Rozin et al., "Glad to Be Sad, and Other Examples of Benign Masochism," *Judgment and Decision Making* 8 (2013): 439-47.
11 "Sauna Contest Leaves Russian Dead and Champion Finn in Hospital," *Guardian*, August 8, 2010, https://www.theguardian.com/world/2010/aug/08/sauna-championship-russian-dead.
12 Richard L. Solo mon, "The Opponent-Process Theory of Acquired Motivation: The Costs of Pleasure and the Benefits of Pain," *American Psychol ogist* 35 (1980): 691-712.
13 R. W. Ditchburn and B. L. Ginsborg, "Vision with a Stabilized Retinal Image," *Nature* 170 (1952): 36-37.
14 Indira M. Raman, "Unhappiness Is a Palate-Cleanser," *Nautilus*, March 15, 2018, http://nautil.us/issue/58/self/unhappiness-is-a-palate_cleanser.
15 Robb B. Rutledge et al., "A Com putational and Neural Model of Momentary Subjective Well Being," *Proceedings of the National Academy of Sciences* 111 (2014): 12252-57.
16 Siri Leknes et al., "The Importance of Context: When Relative Relief Renders Pain Pleasant," *PAIN* 154 (2013): 402-10.

17 Brock Bastian et al., "The Positive Consequences of Pain: A Biopsychosocial Approach," *Personality and Social Psychology Review* 18（2014）: 256-79.

18 Daniel Kahneman et al., "When More Pain Is Preferred to Less: Adding a Better End," *Psychological Sci ence* 4（1993）: 401-5.

19 我在另一本書提過相同例子，Paul Bloom, "First-Person Plural," *Atlantic*, November 2008, https://www. theatlantic.com/magazine/archive/2008/11/ first-person plural/307055。

20 George Ainslie, "Positivity Versus Negativity Is a Matter of Timing," *Behavioral and Brain Sciences* 40（2017）: 16-17.

21 由 Nick Riganas 發表在 IMDb的劇情大綱網址為 https://www.imdb.com/ title/tt2911666/plotsummary。

22 Winfried Menninghaus et al., "The Distancing-Embracing Model of the Enjoyment of Negative Emotions in Art Reception," *Behavioral and Brain Sciences* 40（2017）: 1-58.

23 Pat Califia, "Gay Men, Lesbians, and Sex: Doing It Together," *Advocate* 7（1983）: 24-27.

24 Roy F. Baumeister, "Masochism as Escape from Self," *Journal of Sex Research* 25（1988）: 28-59.

25 Elaine Scarry, *The Body in Pain: The Making and Unmaking of the World*（Oxford University Press, 1985）.

26 Paul Bloom, "It's Ri diculous to Use Virtual Reality to Empathize with Refugees," *Atlantic*, February 3, 2017, https://www.theatlantic.com/technology/archive/2017/02/virtual-reality-wont-make-you-more empathetic/515511.

27 Roy F. Baumeister, *Masochism and the Self*（Psychology Press, 2014）.

28 Juliet Richters et al., "Demographic and Psy chosocial Features of Participants in Bondage and Discipline, 'Sadomasochism' or Dominance and Submission（BDSM）: Data from a National Survey," *Journal of Sexual Medicine* 5（2008）: 1660-68.

29 Christian C. Joyal, Amelie Cossette, and Vanessa Lapierre, "What Exactly Is an Unusual Sexual Fantasy?" *Journal of Sexual Medicine* 12（2015）: 328-40.

30 Pamela H. Connolly, "Psycho logical Functioning of Bondage/Domination/ Sado-Masochism（BDSM） Practitioners," *Journal of Psychology & Human Sexuality* 18（2006）: 79-120.

31 Emma Green, "Consent Isn't Enough: The Troubling Sex of *Fifty Shades*," *Atlantic*, February 10, 2015, https://www.theatlantic.com/entertainment/ archive/2015/02/consent-isnt-enough-in-fifty-shades-of-grey/385267/; Gwen Aviles, "'Fifty Shades of Grey' Was the Best-Selling Book of the Decade," NBCnews.com, December 20, 2019, https://www.nbcnews.com/ pop-culture/books/fifty-shades-grey-was-best-selling-book-decade-n1105731.

32 Katie Roiphe, "Working Women's Fantasies," *Newsweek*, March 16, 2012, https://www.news week.com/working-womens-fantasies-63915.
33 文獻回顧可參考 Matthew K. Nock, "Self-Injury," *Annual Review of Clinical Psychology* 6（2010）: 339-63。
34 Armando R. Favazza, *Bodies Under Siege: Self Mutilation, Nonsuicidal Self-Injury, and Body Modification in Culture and Psychiatry*（Johns Hopkins University Press, 2011）.
35 Mark 5:5（New International Version）.
36 Matthew K. Nock and Mitchell J. Prinstein, "Contextual Features and Behavioral Functions of Self-Mutilation Among Adolescents," *Journal of Abnormal Psycholog y* 114（2005）: 140-46.
37 Jennifer Harris, "Self-Harm: Cutting the Bad Out of Me," *Qualitative Health Research* 10（2000）: 164-73.
38 Keith Hopkins, "Novel Evidence for Roman Slavery," *Past and Present* 138（1993）: 3-27.
39 Brock Bastian, Jolanda Jetten, and Fabio Fasoli, "Cleansing the Soul by Hurting the Flesh: The Guilt-Reducing Effect of Pain," *Psychological Science* 22（2011）: 334-35.
40 Yoel Inbar et al., "Moral Masochism: On the Connection Between Guilt and Self-Punishment," *Emotion* 13（2013）: 14-18.
41 可參考例如 Kevin Simler and Robin Hanson, *The Elephant in the Brain: Hidden Motives in Everyday Life*（Oxford University Press, 2017）。
42 Stephen Woodman, "In Mexico, Street Vendors Offer Electric Shocks for a Price," *Culture Trip*, March 22, 2018, https://theculturetrip.com/north-america/mexico/articles/in-mexico street-vendors-offer-electric-shocks-for-a-price.
43 Marilee Strong, *A Bright Red Scream: Self-Mutilation and the Language of Pain*（Penguin, 1999）.
44 Edward H. Hagen, Paul J. Watson, and Peter Hammerstein, "Gestures of Despair and Hope: A View on Deliberate Self-harm from Economics and Evolutionary Biology," *Biological Theory* 3（2008）: 123-38.
45 Geoffrey Miller, *Spent: Sex, Evolution, and Consumer Behavior*（Penguin, 2010）. For a dissenting view, see Paul Bloom, "The Lure of Luxury," *Boston Review*, November 2, 2015, http://bostonreview.net/forum/paul-bloom- lure-luxury.
46 Jeff Michaels, "Three Selections from *The Masochist's Cookbook*," *McSweeney's Internet Tendency*, June 5, 2007, https://www.mcsweeneys.net/articles/three-selections- from-the-masochists-cookbook。我過去使用過這個笑話，in Paul Bloom, *How Pleasure Works: The New Science of Why We Like What We Like*（Random House, 2010）。
47 Atul Gawande, "A Queasy Feeling: Why Can't We Cure Nausea?" *New Yorker*, July 5, 1999.

48 Samuel M. Flaxman and Paul W. Sherman, "Morning Sickness: A Mechanism for Protecting Mother and Embryo," *Quarterly Review of Biology* 75（2000）: 113-48.

49 Roy F. Baumeister et al., "Some Key Differences Between a Happy Life and a Meaningful Life," *Journal of Positive Psychology* 8（2013）: 505-16.

50 Erin C. Westgate and Timothy D. Wilson, "Boring Thoughts and Bored Minds: The MAC Model of Boredom and Cognitive Engagement," *Psycholog ical Review* 125（2018）: 689-713.

51 Alex Stone, "Why Waiting Is Torture," *New York Times*, August 18, 2012, https://www.nytimes.com/2012/08/19/opinion/sunday/why-waiting-in-line-is torture.html.

52 Andreas Elpidorou, "The Bright Side of Boredom," *Frontiers in Psychology* 5（2014）: 1245.

53 Erin C. Westgate and Timothy D. Wilson, "Boring Thoughts and Bored Minds: The MAC Model of Bore dom and Cognitive Engagement," *Psychological Review* 125（2018）: 689-713.

54 Timothy D. Wilson et al., "Just Think: The Challenges of the Disengaged Mind," *Science* 345（2014）: 75-77.

55 Andreas Elpidorou, "Bore dom in art," *Behavioral and Brain Sciences* 40（2017）: 25-26.

56 Andreas Elpidorou, "The Quiet Alarm," *Aeon*, July 10, 2015, https://aeon.co/essays/life-without boredom-would-be-a-nightmare.

57 Joseph Heller, *Catch-22: A Novel*（1961; Simon & Schuster, 1999）, 45, 46.

第三章　難以言喻的愉悅

1 Ian McEwan, "Literature, Sci ence, and Human Nature," in *The Literary Animal: Evolution and the Nature of Narrative*, eds. Jonathan Gottschall and David Sloane Wilson（Northwestern University Press, 2005）, 11.

2 Steven Pinker, *The Language Instinct: How the Mind Creates Language*（William Morrow & Co., 1994）.

3 Steven Pinker and Paul Bloom, "Natural Lan guage and Natural Selection," *Behavioral and Brain Sciences* 13（1990）: 707-27.

4 Richard Byrne and Andrew Whiten, *Machiavellian Intelligence*（Oxford University Press, 1994）.

5 Paul Bloom. *Descartes' Baby: How the Science of Child Development Ex plains What Makes Us Human*（Random House, 2005）.

6 A. D. Nuttall, *Why Does Tragedy Give Pleasure?*（Oxford University Press, 1996）, 77.

7 討論可見於 Lindsey A. Drayton and Laurie R. Santos, "A Decade of Theory

of Mind Re search on Cayo Santiago: Insights into Rhesus Macaque Social Cognition," *American Journal of Primatology* 78（2016）: 106-16。

8 Paul Bloom, *How Pleasure Works: The New Science of Why We Like What We Like*（Random House, 2010）.

9 Robert O. Deaner, Amit V. Khera, and Michael L. Platt, "Monkeys Pay Per View: Adaptive Valuation of Social Images by Rhesus Macaques," *Current Biology* 15（2005）: 543-48.

10 Alex Boese, *Elephants on Acid: And Other Bi zarre Experiments*（Pan Macmillan, 2009）.

11 George Loewenstein, "Anticipation and the Valuation of Delayed Consumption," *Economic Journal* 97（1987）: 666-84.

12 Paul Bloom, *How Pleasure Works.*

13 Garrett G. Fagan, *The Lure of the Arena: Social Psy chology and the Crowd at the Roman Games*（Cambridge University Press, 2011）.

14 Fagan, *The Lure of the Arena.*

15 Mathias Clasen, Jens Kjeldgaard Christiansen, and John A. Johnson, "Horror, Per sonality, and Threat Simulation: A Survey on the Psychology of Scary Media," *Evolutionary Behavioral Sciences* 14, no. 3（2018）.

16 Patrick Healy, "Audiences Gasp at Violence; Actors Must Sur vive It," *New York Times*, November 5, 2008, https://www.ny times.com/2008/11/06/theater/06blas.html.

17 Travis M. Andrews, "Audiences of Broadway's Graphic Por trayal of '1984' Faint and Vomit," *Washington Post*, June 26, 2017, https://www.washingtonpost.com/news/morning-mix/wp/2017/06/26/audiences-of-broadways-graphic-portrayal-of 1984-faint-and-vomit.

18 Christine Mattheis, "Your Weekly Cry-Fest Over 'This Is Us' Has Surprising Health Benefits," *Health*, February 23, 2017, https://www.health.com/mind-body/crying-healthy-this-is-us.

19 Matthew A. Killing sworth and Daniel T. Gilbert, "A Wandering Mind Is an Un happy Mind," *Science* 330（2010）: 932.

20 Jonathan Gottschall, *The Storytelling Animal: How Stories Make Us Human*（Houghton Mifflin Harcourt, 2012）.

21 這段對話修改自 Jon athan Gottschall's *The Storytelling Animal*, 35。原始版本出處為 Vivian Gussin Paley, *A Child's Work: The Importance of Fantasy Play*（University of Chicago, 2009）。

22 David Hume, "Of Tragedy," in *Hume: Selected Essays*, eds. Stephen Copley and Andrew Edgar（Oxford University Press, 2008）.

23 相關討論的文獻回顧可參考 Ellen Winner, *How Art Works: A Psychological Exploration*（Oxford University Press, 2018）。

24 Eduardo B. Andrade and Joel B. Cohen, "On the Consumption of Negative Feelings," *Journal of Consumer Research* 34（2007）: 283-300.

25 Eduardo B. Andrade and Joel B. Cohen. "On the Consumption of Negative Feelings," *Journal of Consumer Research* 34 (2007) : 283-300.

26 Julian Hanich et al., "Why We Like to Watch Sad Films: The Pleasure of Being Moved in Aes thetic Experiences," *Psychology of Aesthetics, Creativity, and the Arts* 8 (2014) : 130.

27 Clasen, Christiansen, and Johnson, "Horror, Personality, and Threat Simulation."

28 Aristotle, *The Poetics of Aristotle*, ed. S. H. Butcher (Palala Press, 2016) , 22-23.

29 Samuel Johnson, *Preface to Shake speare* (1860; Binker North, 2020) , 16.

30 Plato, *Republic*, Book IV, Section 440a.

31 Edmund Burke, *A Philosophical Enquiry into the Origin of Our Ideas of the Sublime and Beautiful* (Oxford Univer sity Press, 1998) , 42.

32 Jennifer L. Barnes, "Fanfiction as Imaginary Play: What Fan-Written Stories Can Tell Us About the Cognitive Science of Fiction," *Poetics* 48 (2015) : 69-82.

33 Paul L. Harris et al., "Monsters, Ghosts and Witches: Testing the Limits of the Fantasy-Reality Distinction in Young Children," *British Journal of Developmental Psychology* 9 (1991) : 105-23.

34 Paul Rozin, Linda Millman, and Carol Nemeroff, "Operation of the Laws of Systematic Magic in Disgust and Other Domains," *Journal of Personality and Social Psychology* 50 (1986) : 703-12.

35 Tamar Szabó Gendler, "Alief in Action (and Reaction) ," *Mind & Language* 23 (2008) : 552-85.

36 David Robinson, "Examining the Arc of 100,000 Stories: A Tidy Analysis," *Variance Explained* (blog) , n.d., http://varianceexplained.org/r/tidytext-plots/.

37 Andrew J. Reagan et al., "The Emotional Arcs of Stories Are Dominated by Six Basic Shapes," *EPJ Data Science* 5 (2016) : 31. For discussion, see Adrienne LaFrance, "The Six Main Arcs in Storytelling, as Identified by an A.I," *At lantic*, July 12, 2016, https://www.theatlantic.com/technology/archive/2016/07/the-six-main-arcs-in-storytelling-identified by-a-computer/490733/.

38 Patrick Colm Hogan, *The Mind and Its Stories: Narrative Universals and Human Emotion* (Cambridge University Press, 2003) .

39 Aaron Sorkin, "Intention & Obstacle," MasterClass, https://www.masterclass.com/classes/aaron- sorkin-teaches-screenwriting/chapters/intention-obstacle 11ba8c15–7856–490d-85bb-eb0601e02c55#.

40 Richard J. Gerrig, "Suspense in the Absence of Uncertainty," *Journal of Memory and Language* 28 (1989) : 633-48.

41 Anthony D. Pellegrini, Danielle Dupuis, and Peter K. Smith, "Play in Evolu tion and Development," *Developmental Review* 27（2007）: 261-76.

42 Stephen King, *Danse Maca bre*（Everest House, 1981）, 13, 335。針對這個主題，我自己的想法有了變化，所以與之前其他著作中的立場相近但不完全相同，可參考 Paul Bloom, *How Pleasure Works: The New Science of Why We Like What We Like*（Random House, 2010）。

43 Jerry Fodor, *In Critical Condition: Polemical Essays on Cognitive Science and the Philosophy of Mind*（MIT Press, 1998）, 212.

44 Gabriele Oettingen and A. Timur Sevincer, "Fantasy About the Future as Friend and Foe," in *The Psychology of Thinking About the Future*, eds. Gabriele Oettingen et al.（Guilford, 2018）.

45 Ogi Ogas, Sai Gaddam, and Andrew J. Garman, *A Billion Wicked Thoughts*（Pen guin, 2011）, and Seth Stephens-Davidowitz and Andrés Pabon, *Everybody Lies: Big Data, New Data, and What the Internet Can Tell Us About Who We Really Are*（Dey Street, 2017）.

46 Stephens-Davidowitz and Pabon, *Every body Lies.*

47 Steven Pinker, *How the Mind Works*（Penguin UK, 2003）, 455.

48 Stephens-Davidowitz and Pabon, *Everybody Lies.*

49 Joseph W. Critelli and Jenny M. Bivona, "Women's Erotic Rape Fantasies: An Evaluation of Theory and Research," *Journal of Sex Research* 45（2008）: 57-70。進一步討論可參考 Matthew Hudson, "Why Do Women Have Erotic Rape Fantasies?" *Psychology Today*, May 29, 2008, https://www.psychologytoday. com/us/blog/psyched/200805/why-do-women-have-erotic rape-fantasies。

50 Joseph W. Crite lli and Jenny M. Bivona, "Women's Erotic Rape Fantasies: An Evaluation of Theory and Research," *Journal of Sex Research* 45（2008）: 57-70.

51 David A. Pizarro and Roy F. Baumeister, "Superhero Comics as Moral Pornogra phy," in *Our Superheroes, Ourselves*, ed. Robin Rosenberg（Oxford University Press, 2013）, 29.

52 Alan G Sanfey et al., "The Neural Basis of Economic Decision-Making in the Ultimatum Game," *Science* 300（2003）: 1755-58.

53 進一步討論請參考 Paul Bloom, *Just Babies: The Origins of Good and Evil*（Crown, 2013）。

54 Paul Rozin and Edward B. Royzman, "Negativity Bias, Negativity Dominance, and Contagion," *Personality and Social Psychology Review* 5（2001）: 296-320.

55 Jon Ronson, *So You've Been Publicly Shamed*（Riverhead, 2016）.

56 Paul Bloom and Mat thew Jordan, "Are We All 'Harmless Torturers' Now?" *New York Times*, August 9, 2018, https://www.nytimes.com/2018/08/09/

opinion/are-we-all-harmless-torturers-now.html.

第四章　沒有努力就沒有快樂

1 Edward L. Thorndike, "Valuations of Certain Pains, Deprivations, and Frustrations," *Pedagog ical Seminary and Journal of Genetic Psychology* 51（1937）: 227-39.
2 Paul Bloom, *Just Babies: The Origins of Good and Evil*（Crown, 2013）.
3 Molly J. Crockett et al., "Harm to Others Outweighs Harm to Self in Moral Decision Making," *Proceedings of the National Academy of Sciences* 111（2014）: 17320-25.
4 Wouter Kool and Matthew Botvinick, "Mental Labour," *Nature Human Behav iour* 2（2018）: 899-908.
5 Michael Inzlicht, Amitai Shenhav, and Christopher Y. Olivola, "The Effort Paradox: Effort Is Both Costly and Valued," *Trends in Cognitive Sciences* 22（2018）: 337-49.
6 William James, *The Principles of Psychol ogy*（Macmillan: 1890）, 455.
7 Inzlicht, Shenhav, and Ol ivola, "The Effort Paradox."
8 Julian Jara-Ettinger et al., "The Naïve Utility Calculus: Computational Principles Un derlying Commonsense Psychology," *Trends in Cognitive Sciences* 20（2016）: 589-604.
9 Barry Schwartz, *The Paradox of Choice: Why More Is Less*（Ecco, 2004）.
10 Tsuruko Arai, *Mental Fatigue*（PhD diss., Teachers College, Columbia University, 1912）. This work is cited by Robert Kurzban et al., "An Opportunity Cost Model of Subjective Effort and Task Performance," *Behavioral and Brain Sciences* 36（2013）: 661-79.
11 Zelma Langdon Huxtable et al., "A Re-Performance and Re-Interpretation of the Arai Ex periment in Mental Fatigue with Three Subjects," *Psychological Monographs* 59, no. 5（1945）, 52.
12 Steven Pinker, *The Better Angels of Our Nature: Why Violence Has Declined*（Pen guin, 2012）.
13 Walter Mischel, *The Marshmallow Test: Understanding Self-Control and How to Master It*（Random House, 2014）.
14 Daniel H. Pink, *When: The Scientific Secrets of Perfect Timing*（Penguin, 2019）.
15 Cal Newport, *Deep Work: Rules for Focused Success in a Distracted World*（Hachette, 2016）.
16 Roy F. Baumeister, Dianne M. Tice, and Kathleen D. Vohs, "The Strength Model of Self-Regulation: Conclusions from the Second Decade of Willpower Research," *Perspectives on Psychological Science* 13（2018）: 141-45.
17 Brent W. Roberts et al., "What Is Conscientiousness and How Can It Be

Assessed?" *Developmental Psychology* 50（2014）: 1315-30.
18 Roy F. Baumeister and John Tier ney, *Willpower: Rediscovering the Greatest Human Strength*（Penguin Books, 2011）.
19 Michael Lewis, "Obama's Way," *Vanity Fair*, September 11, 2012, https://www.vanityfair.com/news/2012/10/michael-lewis-profile-barack-obama.
20 Katherine Mangu-Ward, "Obama Wears Boring Suits So He Won't Tweet Pictures of His Penis," *Reason*, September 14, 2012, https://reason.com/2012/09/14/obama-wears-boring-suits-so-he-wont-twee/.
21 Robert Kurzban et al., "An Opportunity Cost Model of Subjective Effort and Task Performance," *Behav ioral and Brain Sciences* 36（2013）: 661-79.
22 Inzlicht, Shenhav, and Olivola, "The Effort Paradox."
23 進一步討論可參考 Dan Ariely, George Loewen stein, and Drazen Prelec, "Tom Sawyer and the Construction of Value," *Journal of Economic Behavior & Organization* 60（2006）: 1-10。
24 Michael I. Norton, Daniel Mochon, and Dan Ariely, "The IKEA Effect: When Labor Leads to Love," *Jour nal of Consumer Psychology* 22（2012）: 453-60.
25 Norton, Mochon, and Ariely, "The IKEA Effect."
26 Justin Kruger et al., "The Effort Heuristic," *Journal of Experimental Social Psychology* 40（2004）: 91-98.
27 Inzlicht, Shenhav, and Olivola, "The Effort Paradox."
28 Tomer J. Czaczkes et al., "Greater Effort Increases Per ceived Value in an Invertebrate," *Journal of Comparative Psychology* 132（2018）: 200-209.
29 For a popular treatment, see Jane Mc Gonigal Read, *Reality Is Broken: Why Games Make Us Better and How They Can Change The World*（Penguin, 2011）.
30 Kieran Setiya, *Midlife: A Philosophical Guide*（Princeton, 2017）.
31 Mihaly Csikszentmihalyi, *Flow: The Psychology of Optimal Experience*（Harper & Row, 1990）.
32 Jeanne Nakamura and Mihaly Csikszentmihalyi, "The Concept of Flow," in *Flow and the Foundations of Positive Psychology: The Collected Works of Mihaly Csik szentmihalyi*, by Mihaly Csikszentmihalyi（Springer, 2014）.
33 Summarized by Johann Hari in *Lost Connec tions: Uncovering the Real Causes of Depression—and the Unexpected Solutions*（Bloomsbury USA, 2018）.
34 David Graeber and Albertine Cerutti, *Bullshit Jobs*（Simon & Schuster, 2018）.
35 "The Most and Least Meaningful Jobs," PayScale, https://www.payscale.com/data- packages/most-and-least-meaningful-jobs。亦可參考 Adam Grant, "Three Lies About Meaningful Work," LinkedIn, May 7, 2015, https://www.linkedin.com/pulse/three–lies–meaningful– work–adam–

grant。

36 Amy Wrzesniewski and Jane E. Dutton, "Crafting a Job: Revisioning Employees as Active Craft ers of Their Work," *Academy of Management Review* 26（2001）: 179-201.

37 Emily Esfahani Smith, *The Power of Meaning: Crafting a Life That Matters*（Random House, 2017）.

38 Nakamura and Csikszentmihalyi, "The Concept of Flow."

39 Csikszentmihalyi, *Flow*, 231.

第五章　有意義的人生

1 George Loewenstein, "Because It Is There: The Challenge of Mountaineering . . . for Utility Theory," *Kyklos* 52（1999）: 315-43.

2 Loewenstein, "Because It Is There," 315.

3 *The Stanford Encyclopedia of Philosophy*, s.v. "Jeremy Bentham," Summer 2019 Edition, plato. stanford.edu/archives/sum2019/entries/bentham.

4 Loewenstein, "Because It Is There," 318.

5 Loewenstein, "Because It Is There," 324.

6 Ronit Bodner and Drazen Prelec, "The Emergence of Private Rules in a Self-Signaling Model," *International Journal of Psychology* 31（1996）: 3652.

7 進一步討論可參考 Laurie A. Paul, *Transformative Experience*（Oxford University Press, 2014）。

8 Joyce Carol Oates（@JoyceCarolOates）, "All we hear of ISIS," Twitter, November 22, 2015, 2:28 p.m.

9 Ross Douthat, "The Joy of ISIS," *New York Times*, November 23, 2015, https://www.nytimes.com/2015/11/24/books/joyce-carol-oates-celebratory-joyous-islamic-state twitter.html.

10 Graeme Wood, *The Way of the Strangers: Encounters with the Islamic State*（Random House, 2019）.

11 George Orwell, "Review of *Mein Kampf*, by Adolph Hitler, unabridged translation," *New Eng lish Weekly*, March 21, 1940.

12 Jeff Grubb, "Call of Duty: Modern Warfare Sales up Big over Black Ops 4," *VentureBeat*, February 20, 2020, https://venturebeat.com/2020/02/06/activision-blizzard-call-of-duty/.

13 Michael Shulman, "Adam Driver, the Original Man," *New Yorker*, October 21, 2019, https://www.newyorker.com/magazine/2019/10/28/adam-driver-the-original-man. Thanks to Julian Jara-Ettinger for providing this example.

14 Daniel Kahneman et al., "A Survey Method for Characterizing Daily Life Experience: The Day Reconstruction Method," *Science* 306（2004）: 1776-80.

15 Richard E Lucas, "Reexamining Adap tation and the Set Point Model of Happiness: Reactions to Changes in Marital Status," *Journal of Personality and Social Psy cholog y* 84（2003）: 527-39. Maike Luhmann, "Subjective Well Being and Adaptation to Life Events: A Meta-Analysis," *Journal of Personality and Social Psychology* 102（2012）: 592-615.
16 Jean M. Twenge, "Parenthood and Marital Satisfaction: A Meta Analytic Review," *Journal of Mar riage and Family* 65（2003）: 574-83.
17 Chuck Leddy, "Money, Marriage, Kids," *Harvard Gazette*, February 21, 2013, https://news.harvard.edu/gazette/story/2013/02/money marriage-kids.
18 Jennifer Senior, *All Joy and No Fun: The Paradox of Modern Parenthood*（HarperCollins, 2014）, 49.
19 Katherine S. Nelson et al., "In Defense of Parenthood: Children Are Associated with More Joy than Misery," *Psychological Science* 24（2013）: 3-10.
20 Jennifer Glass, Robin W. Simon, and Mat thew A. Andersson, "Parenthood and Happiness: Effects of Work-Family Reconciliation Policies in 22 OECD Countries," *American Journal of Sociology* 122（2016）: 886-929.
21 Senior, *All Joy and No Fun*, 256-57.
22 Kieran Setiya, *Midlife: A Philosophical Guide*（Princeton, 2017）.
23 Nelson et al., "In Defense of Parenthood," 3–10.
24 Roy F. Baumeis ter et al., "Some Key Differences Between a Happy Life and a Meaningful Life," *Journal of Positive Psychology* 8（2013）: 505-16.
25 Zadie Smith, "Joy," *New York Review of Books*, January 10, 2013, https://www.nybooks.com/arti- cles/2013/01/10/joy.
26 Albert Camus, *The Myth of Sisyphus*（Penguin, 2013）.
27 Casey Woodling, in "What Is the Meaning of Life?" *Philosophy Now*, 2020, https://philosophynow.org/issues/59/What_Is_The_Meaning_Of_Life.
28 Emily Esfahani Smith, *The Power of Meaning: Crafting a Life That Matters*（Random House, 2017）.
29 Douglas Adams, *The Hitchhik er's Guide to the Galaxy Omnibus: A Trilogy in Five Parts*, vol. 6（1979; Macmillan, 2017）.
30 Tim Bale, in "What Is the Meaning of Life?" *Philosophy Now*, 2020, https://philoso phynow.org/issues/59/What_Is_The_Meaning_Of_Life.
31 Viktor E. Frankl, *Man's Search for Meaning*（Pocket Books, 1973）, 113.
32 Smith, *The Power of Meaning*, 40-41.
33 Frank Martela and Michael F. Steger, "The Three Meanings of Meaning in Life: Distinguishing Co herence, Purpose, and Significance," *Journal of Positive Psychology* 11（2016）: 531-45; Michael F. Steger, "Meaning in Life," in *The Oxford Handbook of Positive Psychology*, edited by Shane J. Lopez and C. R. Snyder（Oxford; 2009）.

34 George Loewenstein and Niklas Karls son, "Beyond Bentham: The Search for Meaning," *JDM News letter*, June 2002, http://www.decisionsciencenews.com/sjdm/newsletters/02-jun.pdf.

35 Sean C. Murphy and Brock Bas tian, "Emotionally Extreme Life Experiences Are More Meaningful," *Journal of Positive Psychology* 15, no. 11（2019）: 1-12.

36 Loewenstein, "Because It Is There."

37 Anat Keinan and Ran Kivetz, "Productivity Orientation and the Consumption of Col lectable Experiences," *Journal of Consumer Research* 37（2011）: 935-50.

38 Frankl, *Man's Search for Meaning*, 104.

第六章　無法選擇的痛與苦

1 Dimitris Xygalatas et al., "Extreme Rituals Pro mote Prosociality," *Psychological Science* 24（2013）: 1602-5.

2 Konika Banerjee and Paul Bloom, "Would Tarzan Believe in God? Conditions for the Emergence of Religious Belief," *Trends in Cognitive Sciences* 17（2013）: 7-8; Paul Bloom, "Religion Is Nat ural," *Developmental Science* 10（2007）: 147-51.

3 Jonathan Haidt, "Moral Psychol ogy and the Misunderstanding of Religion," *Edge*, September 21, 2007, https://www.edge.org/conversation/jonathan_haidt- moral-psychology-and-the-misunderstanding-of-religion。亦可參考 Jonathan Haidt, *The Righteous Mind: Why Good People Are Di vided by Politics and Religion*（Vintage, 2012）。

4 Ara Norenzayan and Azim F. Shariff, "The Origin and Evolution of Religious Prosociality," *Science* 322（2008）: 58-62.

5 Scott S. Wiltermuth and Chip Heath, "Synchrony and Cooperation," *Psychological Science* 20（2009）: 1-5.

6 Xygalatas et al., "Extreme Rituals Promote Prosociality."

7 例子見於 Alain de Botton, *Religion for Atheists: A Non-Believer's Guide to the Uses of Re ligion*（Vintage, 2012）。

8 Christopher M. Kavanagh et al., "Positive Ex periences of High Arousal Martial Arts Rituals Are Linked to Identity Fusion and Costly Pro Group Actions," *European Jour nal of Social Psychology* 49（2019）: 461-81.

9 Konika Banerjee and Paul Bloom, "Does Every thing Happen for a Reason?" *New York Times*, October 17, 2014, https://www.nytimes.com/2014/10/19/opinion/sunday/does- everything-happen-for-a-reason.html.

10 Dan T. Gilbert et al., "Immune Neglect: A Source of Durability Bias in Affective Forecasting," *Journal of Personality and Social Psychology* 75（1998）: 617-38。關於莫里斯・畢克漢的故事取自 Dan T. Gilbert, "The Sur prising

Science of Happiness," TED video, 20:52, February 2004, https://www.ted.com/talks/dan_gilbert_the_surprising_ science_of_happiness/transcript。

11 Laurie Santos, "The Unhappy Millionaire," *The Happiness Lab*（podcast）, https://www.happinesslab.fm/season-1-episodes/the-unhappy-millionaire.

12 Konika Banerjee and Paul Bloom, "Why Did This Happen to Me? Religious Believers' and Non-Believers' Teleological Reasoning About Life Events," *Cog nition* 133（2014）：277-303; Konika Banerjee and Paul Bloom, "'Everything Happens for a Reason': Children's Beliefs About Purpose in Life Events," *Child Development* 86（2015）: 503-18.

13 Hebrews 12:7-11（New International Version）.

14 Brian Pizzalato, "St. Paul Explains the Meaning of Suffering," Catholic News Agency, https://www.catholicnewsagency.com/resources/sacraments/anointing-of the-sick/st-paul-explains-the-meaning-of-suffering.

15 Pope John Paul II, 1984 address quoted by Ariel Glucklich in *Sacred Pain: Hurting the Body for the Sake of the Soul*（Oxford University Press, 2001）, 18.

16 C. S. Lewis, *The Problem of Pain*（Harper, 2015）, 93–94.

17 Ted Chiang, "Omphalos," in *Exhalation: Stories*（Knopf, 2019）, 262。（這篇故事的核心概念衍生自一八五七年 Philip Henry Gosse 所著《肚臍：解開地質學的死結》。）

18 William Henry Atkinson, quoted by Ariel Glucklich in *Sacred Pain: Hurting the Body for the Sake of the Soul*（Oxford University Press, 2001）. 184.

19 Martin S. Weinberg, Colin J. Williams, and Charles, Moser, "The Social Constituents of Sa domasochism," *Social Problems* 31（1984）: 379-389。後來被引用於 Daniel Bergner, *The Other Side of Desire: Four Journeys into the Far Realms of Lust and Longing*（Penguin, 2009）。

20 Lewis, *The Problem of Pain*, 112.

21 Tom Lutz, *Crying: The Natural and Cultural His tory of Tears*（Norton, 2001）, 11.

22 Zadie Smith, "Joy," *New York Review of Books*, January 10, 2013, https://www.nybooks. com/articles/2013/01/10/joy.

23 故事出自 George E. Newman and Daylian M. Cain's "Tainted Altruism: When Doing Some Good Is Evaluated as Worse than Doing No Good at All," *Psychological Science* 25（2014）: 648-55.

24 Newman and Cain, "Tainted Altruism."

25 Christopher Y. Olivola and Eldar Shafir, "The Martyrdom Effect: When Pain and Effort Increase Prosocial Contributions," *Journal of Behavioral Decision Making* 26（2013）: 91-105.

26 John Roberts, commencement speech at Cardigan Mountain School, Canaan, New Hampshire, June 3, 2017; 逐字稿可見於 "'I Wish You Bad Luck': Read Supreme Court Justice John Roberts' Unconventional Speech

to His Son's Graduating Class," *Time*, July 5, 2017, ttps://time.com/4845150/chief-justice-john-roberts-commencement-speech-transcript/.

27 Nassim Nicholas Taleb, *Antifragile: Things That Gain from Disorder*（Random House, 2012）.

28 Brock Bastian, *The Other Side of Happiness: Embracing a More Fear less Approach to Living*（Penguin, 2018）, 95.

29 Mark D. Seeley et al., "An Upside to Adversity? Moderate Cumulative Lifetime Adver sity Is Associated with Resilient Responses in the Face of Controlled Stressors," *Psychological Science* 24（2013）: 1181-89.

30 Daniel Lim and David DeSteno, "Suffering and Compassion: The Links Among Adverse Life Ex periences, Empathy, Compassion, and Prosocial Behavior," *Emo tion* 16（2016）: 175-82.

31 Ana Guinote et al., "Social Status Modulates Prosocial Behavior and Egalitarian ism in Preschool Children and Adults," *Proceedings of the National Academy of Sciences* 112（2015）: 731-36.

32 Rebecca Solnit, *A Paradise Built in Hell: The Extraordinary Communities That Arise in Disaster*（Penguin, 2010）, 8.

33 Brock Bas tian, Jolanda Jetten, and Laura J. Ferris, "Pain as Social Glue: Shared Pain Increases Cooperation," *Psychological Science* 25（2014）: 2079-85.

34 此版本標題為「或許」（Maybe），取自 *John Suler's Zen Stories to Tell Your Neighbors*, http://truecenterpublishing. com/zenstory/maybe.html.

35 George A. Bonanno, "Loss, Trauma, and Human Resilience: Have We Underestimated the Human Ca pacity to Thrive After Extremely Aversive Events?" *American Psy chologist* 59（2004）: 20-28.

36 Johanna Ray Vollhardt, "Altruism Born of Suffering and Prosocial Behavior Following Adverse Life Events: A Review and Conceptualization," *Social Justice Re search* 22, no. 1（2009）: 53-97.

37 Anthony D. Mancini, Heather L. Little ton, and Amie E. Grills, "Can People Benefit from Acute Stress? Social Support, Psychological Improvement, and Resilience After the Virginia Tech Campus Shootings," *Clinical Psychological Science* 4（2016）: 401-17.

38 Jordan Ellenberg, *How Not to Be Wrong: The Power of Mathematical Thinking*（Penguin, 2014）.

39 Eranda Jayawickreme and Laura E. R. Blackie, "Post Traumatic Growth as Positive Personality Change: Evidence, Controversies and Future Directions," *European Journal of Personality* 4（2014）: 312-31.

40 Richard Tedeschi, quoted by Lorna Collier in "Growth After Trauma," *Monitor on Psychology* 47, no. 10（November 2016）, 48, https://www.apa.org/monitor/2016/11/growth-trauma.

41 Kanako Taku et al., "The Factor Structure of the Posttraumatic Growth Inventory: A Comparison of Five Models Using Confirmatory Factor Anal ysis," *Journal of Traumatic Stress* 21（2008）: 158-64.
42 Judith Mangelsdorf, Michael Eid, and Maike Luhmann, "Does Growth Require Suffering? A System atic Review and Meta-Analysis on Genuine Posttraumatic and Postecstatic Growth," *Psychological Bulletin* 145（2019）: 302-38.

第七章　甜蜜的毒藥

1 Richard Dawkins, *Unweaving the Rainbow: Sci ence, Delusion and the Appetite for Wonder*（Houghton Mifflin, 1998）, 1.
2 Robert Ardrey, *African Genesis*（Collins, 1961）, 245-46.
3 Paul Bloom, "Did God Make These Babies Moral?" *New Republic*, January 13, 2014, https://newrepublic.com/article/116200/moral-design latest-form-intelligent-design-its-wrong.
4 Steven Pinker, *How the Mind Works*（Penguin UK, 2003）, 389.
5 Robert Wright, *Why Buddhism Is True: The Science and Philosophy of Meditation and En lightenment*（Simon & Schuster, 2017）, 36.
6 Paul Bloom, *Against Empathy: The Case for Rational Compassion*（Random House, 2017）.
7 Roy F. Baumeister et al., "Some Key Differences Between a Happy Life and a Meaningful Life," *Journal of Positive Psychology* 8（2013）: 505-16.
8 Veronika Huta and Richard M. Ryan, "Pursuing Pleasure or Virtue: The Differ ential and Overlapping Well-Being Benefits of Hedonic and Eu daimonic Motives," *Journal of Happiness Studies* 11（2010）: 735-62.
9 Brett Q. Ford et al., "Culture Shapes Whether the Pursuit of Happiness Predicts Higher or Lower Well-Being," *Journal of Experimental Psychology: General* 144（2015）: 1053-62.
10 Brett Q. Ford et al., "Desperately Seeking Happiness: Valuing Happiness Is As sociated with Symptoms and Diagnosis of Depression," *Journal of Social and Clinical Psychology* 33（2014）: 890-905.
11 Jonathan W. Schooler, Dan Ariely, and George Loewenstein, "The Pursuit and Moni toring of Happiness Can Be Self-Defeating," *Psychology and Eco nomics*（2003）: 41-70.
12 Iris B. Mauss et al., "Can Seeking Happiness Make People Unhappy? Paradoxical Effects of Valuing Happiness," *Emotion* 11（2011）: 807-15.
13 Brett Q. Ford and Iris B. Mauss, "The Paradoxical Effects of Pursuing Positive Emotion," in *Positive Emotion: Integrating the Light Sides and Dark Sides*, edited by June Gruber and Judith Tedlie Moskowitz（Oxford University

Press, 2014).

14 Tim Kasser and Richard M. Ryan, "Further Examining the American Dream: Differential Cor relates of Intrinsic and Extrinsic Goals," *Personality and Social Psychology Bulletin* 22 (1996): 280-87。統合分析可見於 Helga Dittmar et al., "The Relationship Between Materialism and Personal Well-Being: A Meta-Analysis," *Journal of Personality and Social Psychology* 107 (2014): 879-924。

15 Ford et al., "Culture Shapes Whether the Pursuit of Happiness."

16 Marc Wittmann, *Felt Time: The Psychology of How We Perceive Time* (MIT Press, 2016).

17 Dan Gilbert, "Three Pictures of Water: Some Reflections on a Lecture by Daniel Kahn eman" (unpublished manuscript, Harvard University, 2088)。感謝他將論文寄給我並多次進行討論，藉此機會指出他本人的觀點後來也有轉變，和本書質疑者已經有所不同。

18 Tyler Cowen, "Daniel Kahneman on Cutting Through the Noise," *Conversations with Tyler* pod cast, episode 56, December 19, 2018, https://medium.com/conversations-with-tyler/tyler cowen daniel-kahneman economics-bias-noise-167275de691f.

19 Dylan Matthews, "Angus Deaton's Badly Misunderstood Paper on Whether Happiness Peaks at $75,000, Explained," *Vox*, October 12, 2015, https://www.vox.com/2015/6/20/8815813/orange-is-the-new-black-piper-chapman-happiness-study.

20 John Stuart Mill, *Utilitarianism* (Conventry House Publishing, 2017), 15-16.

21 Richard Dawkins, *River Out of Eden: A Darwinian View of Life* (Basic Books, 2008), 133.

22 Elaine Scarry, *The Body in Pain: The Making and Unmaking of the World* (Oxford University Press, 1987), 11.

23 Namwali Serpell, "The Banality of Empathy," *New York Review of Books*, March 2, 2019, https://www.nybooks.com/daily/2019/03/02/the-banality-of- empathy/.

24 James Dawes, *Evil Men* (Harvard University Press, 2013), 208.

25 Eva Hoffman, *After Such Knowledge: Memory, His tory, and the Legacy of the Holocaust* (Public Affairs, 2005).

26 Aldous Huxley, *Brave New World* (1932; Harper, 2017), 240.

國家圖書館出版品預行編目資料

有多痛，就有多值得：痛苦的價值及其如何爲我們帶來快樂
保羅．布倫 Paul Bloom 著；陳岳辰 譯. -- 初版. --
臺北市：商周出版：家庭傳媒城邦分公司發行, 2022.05
面：　公分. --
譯自：The Sweet Spot: The Pleasures of Suffering and The Search for Meaning
ISBN 978-626-318-228-8（平裝）
1. CST: 社會心理學　2.CST: 快樂　3. CST:痛苦
541.7　111003773

有多痛，就有多值得

痛苦的價值及其如何為我們帶來快樂

原著書名／The Sweet Spot: The Pleasures of Suffering and The Search for Meaning
作者／保羅．布倫 Paul Bloom
譯者／陳岳辰
責任編輯／陳玳妮

版權／林易萱
行銷業務／周丹蘋、賴正祐
總編輯／楊如玉
總經理／彭之琬
事業群總經理／黃淑貞
發行人／何飛鵬
法律顧問／元禾法律事務所　王子文律師
出版／商周出版
城邦文化事業股份有限公司
臺北市中山區民生東路二段141號9樓
電話：(02) 2500-7008 傳眞：(02) 2500-7759
E-mail：bwp.service@cite.com.tw
Blog：http://bwp25007008.pixnet.net/blog
發行／英屬蓋曼群島商家庭傳媒股份有限公司城邦分公司
臺北市中山區民生東路二段141號2樓
書虫客服服務專線：(02) 2500-7718．(02) 2500-7719
24小時傳眞服務：(02) 2500-1990．(02) 2500-1991
服務時間：週一至週五09:30-12:00．13:30-17:00
郵撥帳號：19863813　戶名：書虫股份有限公司
讀者服務信箱E-mail：service@readingclub.com.tw
歡迎光臨城邦讀書花園 網址：www.cite.com.tw
香港發行所／城邦（香港）出版集團有限公司
香港灣仔駱克道193號東超商業中心1樓
電話：(852) 2508-6231　傳眞：(852) 2578-9337
E-mail：hkcite@biznetvigator.com
馬新發行所／城邦(馬新)出版集團 Cité (M) Sdn. Bhd.
41, Jalan Radin Anum, Bandar Baru Sri Petaling,
57000 Kuala Lumpur, Malaysia
電話：(603) 9057-8822　傳眞：(603) 9057-6622
Email：cite@cite.com.my

封面設計／萬勝安
排版／新鑫電腦排版工作室
印刷／韋懋印刷事業有限公司
經銷商／聯合發行股份有限公司
電話：(02) 2917-8022　傳眞：(02) 2911-0053
地址：新北市231新店區寶橋路235巷6弄6號2樓

■2022年05月03日初版
定價 450 元

Printed in Taiwan
城邦讀書花園
www.cite.com.tw

ISBN 978-626-318-228-8

商周出版

104台北市民生東路二段141號2樓
英屬蓋曼群島商家庭傳媒股份有限公司　城邦分公

請沿虛線對摺，謝謝！

商周出版

書號： BK5196	**書名：** 有多痛，就有多值得	**編碼：**

請於此處用膠水黏貼

商周出版

讀者回函卡

線上版讀者回函卡

感謝您購買我們出版的書籍！請費心填寫此回函卡，我們將不定期寄上城邦集團最新的出版訊息。

姓名：＿＿＿＿＿＿＿＿＿＿＿＿＿＿＿＿ 性別：☐男 ☐女

生日：西元＿＿＿＿＿＿年＿＿＿＿＿＿月＿＿＿＿＿＿日

地址：＿＿＿＿＿＿＿＿＿＿＿＿＿＿＿＿＿＿＿＿＿＿＿＿

聯絡電話：＿＿＿＿＿＿＿＿＿＿ 傳真：＿＿＿＿＿＿＿＿＿＿

E-mail ：

學歷：☐ 1. 小學 ☐ 2. 國中 ☐ 3. 高中 ☐ 4. 大學 ☐ 5. 研究所以上

職業：☐ 1. 學生 ☐ 2. 軍公教 ☐ 3. 服務 ☐ 4. 金融 ☐ 5. 製造 ☐ 6. 資訊

☐ 7. 傳播 ☐ 8. 自由業 ☐ 9. 農漁牧 ☐ 10. 家管 ☐ 11. 退休

☐ 12. 其他＿＿＿＿＿＿＿＿＿＿＿＿＿＿＿＿＿＿＿＿

您從何種方式得知本書消息？

☐ 1. 書店 ☐ 2. 網路 ☐ 3. 報紙 ☐ 4. 雜誌 ☐ 5. 廣播 ☐ 6. 電視

☐ 7. 親友推薦 ☐ 8. 其他＿＿＿＿＿＿＿＿＿＿＿＿＿＿

您通常以何種方式購書？

☐ 1. 書店 ☐ 2. 網路 ☐ 3. 傳真訂購 ☐ 4. 郵局劃撥 ☐ 5. 其他＿＿＿

您喜歡閱讀那些類別的書籍？

☐ 1. 財經商業 ☐ 2. 自然科學 ☐ 3. 歷史 ☐ 4. 法律 ☐ 5. 文學

☐ 6. 休閒旅遊 ☐ 7. 小說 ☐ 8. 人物傳記 ☐ 9. 生活、勵志 ☐ 10. 其他

對我們的建議：＿＿＿＿＿＿＿＿＿＿＿＿＿＿＿＿＿＿＿＿＿＿

＿＿＿＿＿＿＿＿＿＿＿＿＿＿＿＿＿＿＿＿＿＿＿＿＿＿＿＿

＿＿＿＿＿＿＿＿＿＿＿＿＿＿＿＿＿＿＿＿＿＿＿＿＿＿＿＿

請於此處用膠水黏貼